AF485489

HUGO IGNACIO TAPIAS MARTÍNEZ
"MEGA POSITIVO"

TRAINING FOR LIFE

ENTRENAMIENTO PARA LA VIDA

Training For Life
Entrenamiento Para La Vida

Un Líder Positivo
se entrena,
se capacita
y no deja nada
al Azar.

HUGO IGNACIO TAPIAS MARTÍNEZ
"MEGA POSITIVO"

TRAINING FOR LIFE

ENTRENAMIENTO PARA LA VIDA

PARA SER:

Feliz, exitoso, resiliente, controlar las emociones, mejorar la convivencia en la sociedad en general promoviendo los valores, los principios; ser emprendedor y tener un estilo de vida positivo.

TRAINING FOR LIFE
ENTRENAMIENTO PARA LA VIDA

HUGO IGNACIO TAPIAS MARTÍNEZ

Edición: 2021.

ES PROPIEDAD DEL AUTOR:
Todos los derechos reservados de esta edición.

Registro de propiedad intelectual.
ISBN: 97-958-48-6718-6

Corrección de estilos: Lic. Diana Cecilia Ávila García
y Lic. Jorge Enrique Picón Acuña
Canal You Tube: Soy Mega Positivo
Facebook: Hugo Ignacio Tapias Martínez- Soy Mega Positivo
E-mail: hugotapiaspositivo@yahoo.com
Móvil: 311 264 3865

Primera edición: 2019
Segunda edición: 2021
Copyright © 2019 Hugo Ignacio Tapias Martínez
Impresión: Multi-impresos Bogotá
Formato:
15,24 x 22,86 cms.

Ediciones
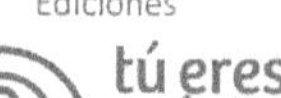

Directora Creativa:
Diannelys Ortiz
tuereselexito@gmail.com

CONTENIDO

PRÓLOGO

La vida de hoy, a pesar de los grandes avances de la tecnología, sigue siendo un campo de combate, de lucha, entendida esta última, no sólo como las tensiones que viven muchos países del mundo por conflictos territoriales, políticos, ambientales y comerciales, sino, por la misma lucha que debe afrontar el ser humano para lograr mejores condiciones de vida. Mejorar desde el punto de vista de las relaciones personales e interpersonales, de saber vivir en condiciones más armoniosas en el núcleo familiar, escolar, laboral y comunitario.

Vivimos en un mundo en donde cada vez más estamos obligados, no solo a aprender a manejar los avances de la tecnología, sino, que hoy se hace indispensable aprender a manejar la vida personal. Esto nos permite superar tantas dificultades que a diario se presentan en la misma cotidianidad del entorno familiar, laboral y comunitario. Aunque vivimos diariamente, existe un analfabetismo sobre el manejo adecuado de las cotidianidades de la vida; pero ese analfabetismo se puede superar a partir del reencuentro del ser humano consigo mismo, a partir de la formulación de preguntas que no son nuevas, pero, que en el mundo actual no dejan de perder vigencia e importancia, como, por ejemplo: ¿Se tiene un proyecto de vida? ¿Cómo desarrollarla de manera exitosa? ¿Cómo es la relación de la persona con el entorno familiar, laboral, comunitario y natural?

Los avances de la sicología cognitiva y del comportamiento, como por ejemplo los avances que hoy adquieren conceptos como el de la inteligencia emocional, ponen en evidencia que el ser humano tiene que re-aprender a construir nuevos esquemas mentales que le permitan abordar con más inteligencia la vida relacional en todos los campos. Sin duda, el manejo inteligente de las emociones hoy adquiere especial relevancia, en cualquier escenario, sea del mundo familiar, laboral o comunitario, como fundamento para rescatar su protagonismo, ante el desplazamiento y subvaloración que se deriva del desbordado centralismo y funcionalismo de los avances tecnológicos.

En hora buena tenemos en nuestras manos este libro que, de manera sencilla, pero con profundo sentimiento humano, muestra un camino, que bien entendido se convierte en una "Herramienta de Vida", precisamente para afrontar la vida cotidiana de cada persona. Este es el propósito que busca el escritor, motivador personal y social, señor Hugo Ignacio Tapias Martínez, cuando pone a disposición de las personas que buscan opciones de crecimiento personal la obra "Training For Life" o "Entrenamiento Para la Vida". Escrito que se constituye en el culmen de una vida entregada a escrudiñar, a estudiar y analizar el ser humano desde sus potencialidades, pensando siempre en que sí se puede cambiar para liberar a la persona de obstáculos mentales y materiales que limitan derechos de vida: ser felices y exitosos.

Hugo Tapias se preocupa por: contribuir con la construcción de una mejor sociedad, fundamentada en la existencia de mejores ciudadanos que actúan de manera propositiva; De igual manera en tejer, de manera personal y colectiva, mejores redes sociales y así lograr seres humanos más humanos por su interacción inteligente con los entornos sociales y naturales.

"Training For Life", es un libro lleno de mensajes motivadores que invitan a la profunda introspección del ser humano para lograr los grandes bienes personales de la vida: bienestar, felicidad y éxito, como derechos de los seres humanos. En ese noble propósito, Hugo Ignacio Tapias Martínez, pone al servicio de la humanidad su

particular "Saludo Supermegapositivo", palabras como él mismo lo dice, "llenas de poder", con la capacidad de estructurar una persona propositiva, emprendedora y disciplinada, características del Líder Transformador Positivo, para una nueva sociedad: tolerante, incluyente y equitativa.

Por: Jorge Enrique Picón Acuña

Licenciado en Educación. Especialista en Estudios Amazónicos. U.N. Colombia

Training For Life
Entrenamiento Para La Vida

Ser un Líder
es una oportunidad
de demostrar
con acciones
que puedo dejar
huellas positivas
en la sociedad.

DEDICATORIA

Primero, le quiero dar gracias a Dios, quien me proporciona la sabiduría para entender la vida, para poder compartir con mis semejantes experiencias que han hecho de mí un ser más reflexivo y autocrítico.

También, quiero agradecer a mi familia, iniciando por mi madre Estela Martínez Osorio (q.e.p.d), ese ser maravilloso que me acogió en su vientre con muchísimo amor desde que inició mi vida; a mi otra madre, mi tía Elvira Martínez (q.e.p.d), persona me acogió en sus brazos con amor y ternura; a mis dos adorables hijitas Carolina Andrea y Lucerito de Dios y mis hijos José Gregorio, Hugo Ignacio, Jesús David y Samuelito; a mis nietos que han sido una motivación para luchar en la vida con entusiasmo, a pesar de los obstáculos y caídas que he tenido; a mi compañera de viaje por la vida, Victoria Eugenia, un apoyo permanente a nuestros proyectos de vida; a mis hermanas Estrellita, Manuela y Karla.

A todos los docentes, seres humanos maravillosos, que están ayudando a construir una mejor sociedad.

A los padres de familia que, con su amor, paciencia, perseverancia buscan la felicidad de sus hijos enseñándoles valores para que sean buenos ciudadanos.

A todos los estudiantes que son el presente y futuro de toda nación.

A todos los empresarios que con su emprendimiento y capital generan empleo y riqueza a las naciones.

A todos aquellos seres humanos maravillosos que he conocido que han sido un impulso permanente en mi vida.

Muchísimas gracias a todos.

INICIO

Hoy más que nunca deseo compartir con mis lectores la mejor manera de llevar la vida, ese milagro tan maravilloso de la naturaleza. "Training For Life", "Entrenamiento Para la Vida", es un libro que nos lleva a reflexionar sobre hábitos, costumbres y cultura que debemos tener para "Entrenar" nuestro disco duro, o cerebro; para acostumbrarnos a través de la repetición o programación neurolingüística al desarrollo positivo de nuestras acciones que nos permitan un mejoramiento continuo de nuestra calidad de vida.

Hoy, en la realidad de la vida, vemos la descomposición social y la descomposición emocional, que llevan al individuo al caos, al abismo, sólo por "alimentar" nuestro disco duro, nuestro cerebro, con información negativa que marca la pauta para desmejorar progresivamente nuestra calidad de vida y nuestra salud mental, con problemas tan delicados como: estrés, ansiedad, depresión, esquizofrenia, violencia, irritabilidad, inseguridad, celos y otros síntomas que pueden llevar a las personas a un estado de demencia, inclusive a la muerte porque son elementos contaminantes para la mente y repercuten en el desarrollo de la sociedad.

Por lo tanto, como seres inteligentes debemos considerar que lo más indicado es entrenar, programar nuestro cerebro con información positiva que nos llevará a desarrollar hábitos y costumbres positivas, con efectos beneficiosos en el mejoramiento de nuestra calidad de vida, aprendiendo a ser felices, exitosos, agradecidos, positivos, de fe, serviciales, entre otras bondades.

Cuando empezamos a cambiar nuestros pensamientos con un proceso de entrenamiento progresivo, se inicia un cambio en nuestra

calidad de vida. Esto nos convierte en personas que impactan positivamente nuestro entorno con elevada responsabilidad individual. Pero, para aprender a ser feliz y exitoso, debemos hacer una "metamorfosis" en nuestras vidas.

Estoy absolutamente convencido que Dios, como máximo creador del universo y todo lo que en el existe, nos da la oportunidad a todos los seres humanos de tener libre albedrío, o la opción de elegir nuestras emociones. Somos responsables de nuestros pensamientos, de nuestras acciones, de nuestro comportamiento, de nuestras vidas y de impactar positivamente o contaminar con nuestras acciones nuestro entorno.

Sólo de nosotros depende manejar nuestras vidas, con emociones positivas, con pensamientos positivos, con hábitos positivos, con acciones positivas, con entrenamiento positivo que nos permitirá mejorar de forma integral nuestra calidad de vida y ser personas que impactan positivamente nuestro entorno.

Somos la creación más maravillosa de Dios en este universo infinito, y si podemos controlar nuestras emociones, nuestras acciones, nuestra vida con decisión, con entrenamiento, con hábitos positivos, podemos lograr una salud mental sana, orientada a guiarnos hacia el éxito, la resiliencia y la felicidad.

Te invito como autor a trabajar en este libro hacia la búsqueda de la excelencia, es un libro tipo taller donde usted como lector asume el compromiso de autoevaluarse en una forma sincera para aprender a reconocer sus errores y asumir el compromiso de cambios positivos en su vida, usted es el único que puede hacer esos cambios en su vida, y decidir ser luz y no oscuridad.

CAPÍTULO I
LAS RESPONSABILIDADES DE UN LÍDER POSITIVO

1. **Responsabilidad individual (Metamorfosis)**
   a. **Responsabilidad individual**
   b. **Amor propio**
   c. **Control de las emociones**
   d. **Bienestar emocional**
   e. **Ser agradecido**
   f. **Ser positivo**
   g. **Ser íntegros**
   h. **La felicidad**
   i. **Ser un líder positivo**
2. **Responsabilidad familiar (Felicidad)**
3. **Responsabilidad laboral (Competitividad)**
4. **Responsabilidad social (Cultura ciudadana)**
5. **Responsabilidad espiritual (Paz interior)**
   a. **El amor**
   b. **La fe**
   c. **El perdón**
   d. **La humildad**
   e. **Espiritualidad**

Soy un ganador
Cumbion
Autor: Hugo I. Tapias M.

I

Yo soy ganador,yo soy triunfador
desde que nací ,yo soy el mejor(coro)

II

En competencia muy limpia vencí a millones de seres,
Dios quiso que yo existiera y aquí estoy hoy con ustedes
Con la mente positiva, con actitud ganadora
Dios quiere que en nuestras vidas triunfemos a toda hora

III

Vivamos siempre siempre contentos, abramos el corazón
Obremos con entusiasmo haciendo un mundo mejor
Estamos todos de paso en este mundo de Dios
Contagiemos alegría dando gozo y mucho amor
Responsabilidad individual

Metamorfosis

- **Tenga amor propio**
- **Controle sus emociones**
- **Sea integro**
- **Sea feliz**
- **Sea un líder positivo**
-

Metamorfosis ¿Qué es la metamorfosis?

Es la transformación que experimentan algunos animales en su desarrollo biológico y que afecta, no solo a su forma, sino también a sus funciones, su modo de vida. La oruga es un gusano detestable y se convierte en una hermosa mariposa después de un proceso de cambio positivo que la transforma en un animal admirado por su belleza infinita. En lo humano, es la capacidad que tengo, como ser inteligente, de cambiar mi vida positivamente para mejorar, para ser una mejor persona. "Muchas veces vemos la paja en el ojo ajeno, y no la viga en nuestro propio ojo", dice la Biblia.

Somos imperfectos como personas, necesitamos mejorar, cambiar nuestra actitud; pero, nadie me obliga a que yo cambie, soy el único que decido si quiero, si puedo cambiar. Entonces, vale la pena que reflexionemos muy profundamente estos puntos para aprender a ser más humano y aprender a convivir armónicamente con mis semejantes.

En alguna ocasión un hombre que era muy malo, destructor, orgulloso y prepotente, le dijo a Dios:

¡Señor, ayúdame a cambiar!

Dios lo miró, sonrió y le dijo:

Tú, el hombre más malo, destructor, orgulloso ¿quieres cambiar?

Sí, Dios, por favor ayúdame, para ti no hay nada imposible.

Dios le responde:

Muy bien, a partir de hoy cada vez que hagas una acción

mala pega un clavo en la puerta de tu cuarto. ¿Sólo eso, Señor?

Sí, sólo eso.

Este hombre comenzó a pegar clavos, y muchos clavos todos los días, hasta que llegó un día que no había un espacio en la puerta donde pegar otro clavo. El hombre al ver esto se puso la mano en la cabeza y dijo:

Dios mío perdóname, no sabía qué hacía tanto daño, por favor ayúdame a cambiar.

¿Es muy fácil le contestó Dios? Sólo tienes que tomar una decisión.

¿Sólo una decisión, Señor?

Si, a partir de hoy cada vez que hagas una acción buena saca un clavo de la puerta de tu cuarto.

¿Sólo eso señor?

Sí, sólo eso.

Este hombre tomó la decisión, empezó hacer acciones buenas, y sacaba clavos, clavos, hasta que llegó un día que había sacado todos los clavos. El hombre al ver esto se maravilló mucho, se arrodilló, le dio gracias a Dios y pidió perdón:

Señor, gracias por ayudarme a cambiar mi vida; pero, Señor Dios, me queda una inquietud:

¿Qué te pasa hijo mío? preguntó Dios.

¿Por qué quedaron tantas huellas en la puerta? preguntó el hombre.

Esas fueron las heridas que tú causaste, cada vez que cometías un error contestó Dios.

(Autor anónimo).

La verdad, muchas veces en un momento de ira, de rabia, insultamos, gritamos, ofendemos, causando una herida en lo más profundo del alma y del corazón de otra(s) persona(s). Pero, no hay

nada imposible, sólo existen personas incapaces. ¡Tú puedes! Si quieres puedes cambiar, puedes servir a tus semejantes, aprender a vivir en armonía con tu entorno, puedes a partir de hoy, si quieres, convertirte en la criatura más maravillosa creada por Dios en este maravilloso paraíso que se llama tierra.

¿Qué significa la responsabilidad?
La Responsabilidad individual

1- ¿Cómo definiría usted la responsabilidad?

2- ¿Se considera usted una persona con responsabilidad? ¿Por qué?

3- ¿Será que siendo responsable mejoramos nuestra calidad de vida y la de mi entorno? ¿Por qué?

TRAINING FOR LIFE
ENTRENAMIENTO PARA LA VIDA

SER EL RESPONSABLE
DE MI VIDA
Y DE MIS ACCIONES,
ES UN COMPROMISO
PARA MEJORAR
MI CALIDAD DE VIDA.

La responsabilidad

Primero entendamos qué significa la responsabilidad. Es la capacidad que tenemos las personas de asumir retos, cumplirlos, de reconocer que hay tareas en nuestra vida cotidiana que debemos hacer nosotros mismos sin delegar a nadie, aprendemos a ser coherentes y conscientes.

Ser coherentes nos permite con nuestras acciones demostrar lo que somos.

Ser conscientes nos permite desarrollar una gran habilidad como personas saber diferenciar que es lo bueno y que es lo malo.

Sabemos que hay actividades que no se pueden delegar. La Responsabilidad es una cualidad que les permite a las personas cumplir con las tareas dentro de un buen nivel de calidad y dentro del tiempo requerido. Además, esta importantísima virtud nos permite a los seres humanos conseguir nuestras metas sin desviarnos de nuestros objetivos.

Si somos responsables en nuestra vida personal, nuestra familia, nuestra empresa, la sociedad, aprendemos a ser personas maravillosas. No debemos posponer las tareas por muy insignificantes que estas parezcan; además, la responsabilidad es un valor importantísimo para nuestra conducta, nos ayuda a mejorar nuestra calidad de vida y es un buen ejemplo para nuestros semejantes.

De usted depende, puede tener **responsabilidad** a partir de hoy con su vida, su familia, su empresa, la sociedad; todo lo que tiene que hacer es tomar la decisión. Usted puede, usted es capaz, usted es una criatura maravillosa.

La responsabilidad

Autoevaluación
(Autocalifíquese de 1 a 10)

	Puntos
1. ¿Se considera usted una persona con responsabilidad?	
2. ¿Es siempre responsable con sus tareas?	
3. ¿Tiene usted responsabilidad con su vida?	
4. ¿Tiene usted responsabilidad con su familia?	
5. ¿Tiene usted responsabilidad con su empresa?	
6. ¿Tiene usted responsabilidad con su barrio?	
7. ¿Tiene usted alguna responsabilidad con su ciudad?	
8. ¿Tiene usted responsabilidad con su país?	
9. ¿Tiene usted responsabilidad con el medio ambiente?	
10. ¿Tiene usted responsabilidad con la cultura ciudadana de su ciudad?	
	TOTAL PUNTOS

RESULTADOS

0 A **50**	**Muy mal**	
51 A **60**	**Mal**	
61 A **70**	**Regular**	
71 A **80**	**Bien**	
81 A **90**	**Muy bien**	
91 A **100**	**Excelente**	

Amor propio

1- ¿Qué significa para usted tener amor propio?

2- ¿Considera usted que se ama? ¿Se respeta? ¿Se quiere? ¿Por qué?

3- ¿Cree usted que aprendiendo a valorarnos podemos ser mejores personas? ¿Por qué?

La alegría y la tristeza

Paseo vallenato
Autor: Hugo I. Tapias M.

I

Yo a veces me siento triste y no lo puedo evitar
por circunstancia que pasan en la vida eso es verdad
la vida presenta obstáculo que tienes que superar
aunque creas que no puedes aprender siempre a luchar

II

Yo soy un ser muy sensible, pero tengo que aprender
a ganarle a la tristeza con la alegría ese es mi deber
es mejor estar alegre porque te enseña a vivir
la vida con entusiasmo y con mejor porvenir

III

La alegría y la tristeza son sentimientos del ser
yo elijo mis emociones y el responsable de ser
alegre y feliz conmigo y mis semejantes

IV

Yo elegí el ser alegre positivo y ganador
yo no veo los problemas, yo busco la solución
yo tengo a Dios en mi vida y así me siento mejor (bis)

26

Amor propio

¿Qué significa tener amor propio? Es la capacidad que tenemos los seres humanos de amarnos, respetarnos, cuidarnos a nosotros mismos, reconociendo que somos las criaturas más maravillosas del universo.

El secreto del éxito es que nuestra autoestima siempre esté en alto, si tengo la humildad en reconocer que estoy fallando en algo lo corrijo, me potencializo al máximo para saber y reconocer que soy una criatura única, que me merezco siempre lo mejor; También es importante decir que no basta con respetarme y quererme, es indispensable cuidarme porque si no lo hago yo ¿Quién lo hará por mí? Llevar una vida sana de forma integral nos llevará a la cima más alta. Partamos de una realidad: Yo no puedo amar a otro si no comienzo por mí, soy la criatura más extraordinaria que existe, debo sentirme de la mejor forma para reflejarlo a las demás personas, soy único, merezco lo mejor, merezco ser feliz, exitoso, triunfador, un ganador y resiliente. Por lo tanto, usted debe pensar que es el hijo predilecto de Dios que está en este maravilloso paraíso que se llama tierra porque nuestro creador tiene propósitos positivos con nuestra vida, créalo, es una realidad, no mires hacia atrás, olvida tus problemas, concéntrate en lo que viene, verás los resultados en poco tiempo, aprende a creer en ti, en valorarte, aceptarte, en descubrir que eres grande, maravilloso, espectacular, eres lo mejor, tal vez no te has dado cuenta ese ser tan espectacular que hay dentro de ti.

Veamos, entonces, cómo está la autoestima.

Amor propio

Autoevalúece

	(Autocalifíquese de 1 a 10)	Puntos
1-	¿Realmente llevo una vida totalmente sana?	
2-	¿Ejercita su cuerpo con regularidad?	
3-	¿Mi peso es el adecuado?	
4-	¿Mi alimentación es realmente balanceada?	
5-	¿Cultivo mi mente y corazón con pensamientos positivos?	
6-	¿Realmente controlo mis emociones?	
7-	¿Prevengo adecuadamente las enfermedades?	
8-	¿Me considero realmente una persona ecuánime?	
9-	¿Me quiero y me respeto lo suficiente?	
10-	¿Tengo paz interior en mi mente, mi corazón y soy feliz?	
	TOTAL PUNTOS	

RESULTADOS

0 a **50**	**Muy mal**	
51 a **60**	**Mal**	
61 a **70**	**Regular**	
71 a **80**	**Bien**	
81 a **90**	**Muy bien**	
91 a **100**	**Excelente**	

Controle sus emociones

"Prevenga el stress"

1- ¿Sabe usted controlar sus emociones? ¿Por qué?

2- ¿Cree usted que, aprendiendo a controlar sus emociones, puede mejorar su calidad de vida? ¿Por qué?

3- ¿Se considera capaz de controlar sus emociones? ¿Por qué?

Soy la criatura
más maravillosa
creada por Dios
en este maravilloso
paraíso que se llama
Tierra, con un propósito:
dejar huellas
positivas.

Bienestar emocional

Es la capacidad que tengo como persona de aprender a manejar mis emociones, de controlar eficientemente las diferentes adversidades que se me presentan en mi camino, logrando armonía y control de mis emociones. Ahora bien, para controlar eficientemente nuestras emociones debemos aprender a ser: agradecidos y positivos. "Agradecido: La capacidad que tengo como persona de dar gracias a Dios, a la naturaleza, a nuestros semejantes por todo.

Positivo: La capacidad que tenemos las personas de asimilar las caídas no como fracasos, es aprender a ver los obstáculos como oportunidades y experiencias positivas para aprender de la vida.

Cambiar rotundamente nuestras acciones negativas por acciones positivas, aprender a controlar nuestras emociones nos permitirá controlar nuestra vida, nuestro rumbo, a no desviarnos de nuestras metas, a no estresarnos. Esto último es muy importante porque el stress es un cáncer invisible que mata en vida sin darnos cuenta. Por lo tanto, es necesario aprender a reconocer, con humildad, que mi vida requiere un cambio extremo en la parte emocional, soy el único que puede hacer ese cambio en mi disco duro, en mi cerebro, es formatear mi "computador" ese maravilloso equipo que es mi cerebro, el más extraordinario de todos. Eres el único que puede hacer esa metamorfosis, esa transformación, logrando manejar tus emociones aprenderás y te convertirás en una persona maravillosa. Comienza por ser agradecido y positivo.

Por otra parte, aprender a controlar las emociones, cuando hay adversidades en la vida, se llama "Resiliencia" o también inteligencia emocional. Podemos explicar este concepto como la capacidad que tenemos los humanos de controlar nuestra mente y las emociones aún en las dificultades más grande.

LAS MOTIVACIONES

Si un ser humano quiere lograr sus objetivos debe mantener una alta dosis de motivación, es muy indispensable. Pero ¿qué es la motivación? La palabra motivación significa lo que me motiva a la acción o, lo que nos mueve hacia nuestros objetivos. Por ejemplo, un vehículo se moviliza por la gasolina. ¿Usted se imagina un vehículo empujado todo el tiempo para que se mueva? Igual somos los seres humanos, pero ¿se imagina usted que las demás personas siempre nos tengan que empujar para lograr nuestros objetivos? Eso es muy peligroso. Yo no puedo estar dependiendo de los demás para lograr mis metas, mis objetivos porque son mis metas, mi proyecto de vida, por eso se hace indispensable que yo tenga capacidad de automotivación. Si, así como lo lee, automotivación como la capacidad de saber con exactitud qué es lo que me mueve en la vida.

Veamos algunos ejemplos que generan motivación: mis hijos, mi trabajo, mi familia, entre otros.

MIS MOTIVACIONES

Anote, por lo menos, 10 motivaciones que lo muevan en la vida:

1. _______________________________
2. _______________________________
3. _______________________________
4. _______________________________
5. _______________________________
6. _______________________________
7. _______________________________
8. _______________________________
9. _______________________________
10. ______________________________

El reconocer las motivaciones le permite al cerebro la posibilidad de procesar qué es lo que nos mueve; inclusive, si usted lo traduce en imágenes es mejor, más fácil se fijaran las motivaciones en su mente. Como ejercicio práctico se recomienda elaborar una cartelera con sus motivaciones, ejemplo: la foto de mis hijos, mi trabajo, mis estudios, mis vacaciones, de tal manera que cuando me estoy desmotivando por algún suceso que tenga en la vida, observo el contenido de la cartelera para recordarle a mi cerebro que esas son mis motivaciones, lo que me mueve en la vida.

Lo contrario a la motivación es la desmotivación y puede ocurrir; pero, bajo ninguna circunstancia debo bajar los brazos y lo más pronto posible debo recuperar el punto de equilibrio que ocurre cuando empiezo a auto motivarme.

CAPACIDAD DE AUTO MOTIVACIÓN

No importan los obstáculos que encuentre en mi camino, por muy difícil que estos parezcan no debo perder mi equilibrio emocional, me debo levantar con la frente en alto y auto motivarme. Cuando surjan los obstáculos se recomienda un ejercicio de auto motivación utilizando estas expresiones que expresaré con fe: yo puedo, yo creo, venceré; muy importante reconocer que eres una criatura maravillosa creado por Dios para ser un ganador, un vencedor. Recuerda, Dios nos dio la vida, un milagro de la naturaleza, nos dio la sabiduría para poder vencer cualquier obstáculo por muy difícil que este parezca.

Cuando nos auto motivamos aprendemos a creer en nosotros mismos, yo no puedo esperar una palmadita de otro para seguir adelante, pues no puedo estar dependiendo de otros; yo debo aprender a depender de mí, auto motivarme las veces que sea necesario, el auto motivarme me permitirá siempre ver una luz detrás del túnel, ver lo positivo en lo negativo, lo bueno en lo malo, aprendo a ser resiliente.

Según la gráfica anterior, si me desmotivo pasando la barrera del punto de equilibrio o reflexión, mi vida puede convertirse en un desastre; si me desmotivo estoy abriendo las puertas para el estrés, mal genio, inseguridad, irracionalidad, esta situación nos lleva al fondo; Por lo tanto debemos evitar la desmotivación porque es un estado mental muy peligroso que nos puede llevar a la depresión.

De ahí la importancia de mantenerme "Auto motivado", sin pasar la línea invisible de la reflexión, la que me permite reconocer tangiblemente todo lo que me motiva y empezar yo mismo a tener esa capacidad de auto motivación. Insisto, yo no debo esperar que los demás me motiven, yo debo auto motivarme, es lo que nos va a permitir seguir adelante moviéndonos hacia nuestros objetivos. ¡Adelante! ¡Tú puedes! ¡Eres un ser mega inteligente y puedes sobreponerte a los obstáculos de la vida!

SER ENTUSIASTA

El entusiasmo es una verdadera demostración de lo que significa aprender a manejar nuestras emociones positivamente, pero partiendo de adentro hacia fuera.

Etimológicamente la palabra entusiasmo proviene del griego EN, THEO, SIASMO, respectivamente con los siguientes significados: EN, dentro; THEO, Dios y SIASMO, inspiración, lo que permite concluir: Dios dentro de mí. Dice la Biblia: "si Dios está conmigo quien contra mí". Es maravilloso vivir la vida con entusiasmo, con alegría, con intensidad, qué maravilloso compartir con todos el entusiasmo y reflejarlo en tu manera de sonreír, caminar, mirar, atender ¿sabes por qué? Porque Dios está dentro de ti; entonces, trabaja con entusiasmo, ama con entusiasmo, vive cada segundo de tu vida con entusiasmo; no te olvides que estamos de paso en este maravilloso paraíso que se llama tierra, la vida es solo una, aprende a vivir feliz, con armonía interior y exterior; todo lo que hagas hazlo con verdadero entusiasmo, sin duda es lo verdaderamente esencial de la vida. Una vida sin entusiasmo es como un día de verano sin sol.

TRAINING FOR LIFE
ENTRENAMIENTO PARA LA VIDA

El entusiasmo
es la fuerza más poderosa
que tenemos los humanos,
es Dios dentro de mí
que me impulsa
para avanzar sin miedo
a la conquista
más alta.

Ser Agradecido

1- ¿Qué significa para usted ser agradecido?

2- ¿Se considera usted una persona agradecida? ¿Por qué?

3- ¿Crees usted que ser agradecido es bueno para la sociedad? ¿Por qué?

Ya llega la Navidad
Ritmo: Porro
Autor: Hugo I. Tapias M.

I

Ya llega la navidad fiesta bonita del año,
la gente se pone alegre disponiendo el corazón
a la reconciliación, al perdón y la armonía,
ojalá que fuera siempre tiempo de la reflexión.

II

Algunos les da nostalgia, otros sienten alegría,
pero es una época hermosa, llena de muchos detalles
entre los seres queridos, la familia y los amigos,
ojalá que fuera siempre tiempo de la reflexión.

III

Ya se acaba un año más y nos llega el año nuevo
recibiendo bendiciones de mi Dios que es justo y bueno,
agradecido con Dios por todo lo que me ha dado,
por lo que recibiré, Dios me ama, yo le alabo.

IV

Cuando llega navidad recordamos a Jesús,
época del nacimiento de aquel que murió en la cruz,
que con su sangre preciosa nos salvó de los pecados,
nos enseñó a perdonar, a ser justo y muy honrados.

V

Siempre por la navidad hay luces multicolores,
las ciudades se transforman, las noches son más bonitas,
el sol alumbra más claro, la naturaleza ríe,
hay corazones contentos esperando un nuevo año.

EL SER AGRADECIDO

Ser agradecido es la capacidad que tienen las personas de dar gracias a Dios por todas las bendiciones que reciben. La gran diferencia entre un ser positivo y otro negativo es que los positivos desde que despiertan siempre le dan gracias a Dios por un nuevo día, el negativo se queja, mientras que para los positivos las caídas las asimilan como experiencias, le agradecen a Dios por ese nuevo conocimiento, en cambio los negativos siempre dicen fracasé, los positivos siempre vemos lo bueno en lo malo y los negativos siempre ven lo malo en lo bueno.

El ser agradecido nos permite disfrutar de la vida porque en cada paso que damos le decimos a nuestro Padre Celestial gracias por respirar, por vivir, por caminar, por la lluvia, por el sol, por la oportunidad que nos brinda de vencer obstáculos en la vida y seguir adelante.

El ser agradecido nos permite visualizar el mundo en forma positiva, el ser agradecido nos permite con sencillez, con humildad, dar gracias por todo y a todos, el ser agradecido nos dará grandeza por nuestra humildad.

El ser agradecido nos enseñará a disfrutar de todo y a vivir cada instante de la vida con alegría, con felicidad en nuestro corazón. Para ser agradecido todo lo que tenemos que hacer es buscar un cambio de actitud, es tomar la decisión, de decir gracias, por todo lo recibido. Muchas veces somos quejumbrosos, sin darnos cuenta nos estresamos, el cerebro está conectado con unos neurotransmisores que se manejan con las emociones, motivo por el cual cuando nos quejamos se recibe una información negativa en el cerebro generando malestar dando inicio al estrés que nos bloquea todo el sistema inmunológico.

Lo invito a no quejarse de nada, a darle gracias a Dios por todas las bendiciones recibidas, veremos los cambios tan positivos que tendremos en nuestras vidas. Lo invito a ser agradecido, le garantizo mejorará su calidad de vida. Los seres humanos deberíamos cambiar nuestra actitud, veremos cómo casi de inmediato mejoraremos nuestra calidad de vida. Estamos a veces acostumbrados a quejarnos de todo, si llueve, si hace frío, si hace calor, nada nos tiene conformes, eso lo que hace es estresarnos, nos mantenemos de mal humor; lo he venido

repitiendo, los seres humanos somos el milagro más grande de la naturaleza, el solo hecho que tengamos la vida es una bendición de Dios.

No le digas a Dios que te resuelva tus problemas, más bien dile a tus problemas que tú tienes un Dios grande, maravilloso, que nos ama, que quiere lo mejor para nosotros. Qué maravilloso fuera que siempre estuviéramos agradecidos con Dios por el don de la vida, al despertar lo primero que debemos hacer es darle gracias a Dios por un nuevo día, darle gracias a Dios por los alimentos que tenemos en nuestra mesa, por el techo que nos protege, por nuestra familia, por el trabajo que tenemos, por el aire que respiramos, por el sol, por la lluvia, por la naturaleza, por todas las cosas maravillosas que Dios nos ha puesto en este maravilloso paraíso que se llama tierra.

Ten presente lo siguiente, cuando aprendemos a ser agradecidos, mejora nuestra calidad de vida, nuestro cerebro está conectado con nuestro cuerpo a través de unos neurotransmisores que se manejan con las emociones, cuando yo empiezo a ser agradecido con todas las maravillas que recibo cada día, mi cerebro recibe señales positivas dándome emocionalmente bienestar, entonces, me siento muy bien conmigo, con todo mi entorno y cuando siento bienestar mi cuerpo libera adrenalina produciendo la dopamina que es la hormona de la felicidad, esa acción hace que mejoremos nuestra calidad de vida.

Todo a nuestro alrededor es una bendición, somos una bendición de Dios en la tierra y debemos aprender a ser agradecidos.

Escribe 8 casos por los que deberías ser agradecido.

1. ___________________________   5. ___________________________

2. ___________________________   6. ___________________________

3. ___________________________   7. ___________________________

4. ___________________________   8. ___________________________

Ser agradecido

Autoevaluación

(Autocalifíquese de 1 a 10)

		Puntos
1	¿Se considera usted una persona agradecida?	
2	¿Es agradecido con Dios en las dificultades?	
3	¿Se considera agradecido con su vida?	
4	¿Es usted agradecido con sus semejantes?	
5	¿Es usted consciente, de la importancia de ser agradecido?	
6	¿Es usted agradecido siempre?	
7	¿Le das gracias a Dios por un nuevo día?	
8	¿Eres de los que mantienes la calma en los problemas?	
9	¿Es usted de los que ve las soluciones en los problemas?	
10	¿Cree usted que ser agradecido le puede mejorar su calidad de vida?	
	Total puntos	

RESULTADOS

0 a 50	Muy mal	
51 a 60	Mal	
61 a 70	Regular	
71 a 80	Bien	
81 a 90	Muy bien	
91 a 100	Excelente	

TRAINING FOR LIFE
ENTRENAMIENTO PARA LA VIDA

SER LÍDER
positivo,
es un compromiso
con mi vida
y con mi entorno.

SER POSITIVO

1- ¿Qué significa para usted ser positivo?

2- ¿Cree usted que con una actitud positiva podría mejorar su calidad de vida y en qué?

3- ¿Cree usted que Ser Positivo le podría ayudar a proyectarse en su vida?

SOY POSITIVO

Autor: Hugo I. Tapias M.
(Balada)

I

Yo soy positivo, me siento feliz,
desde que amanece hasta que anochece,
si tengo un problema yo no me preocupo,
Sólo yo me ocupo de la solución.

II

Si caigo en la vida yo no fracasé,
adquiero experiencia, me da madurez,
yo vivo la vida con sabiduría,
Dios me da entusiasmo, Dios a mí me guía.

III

Valoro la vida, milagro de Dios,
estoy motivado, soy un triunfador,
yo soy positivo y voy a vencer
las dificultades, soy hijo de un rey.

IV

Soy un triunfador
desde que nací.
Soy un ganador
y vivo feliz.

44

SER POSITIVO

El ser positivo es una elección, nosotros los seres humanos racionales tenemos la capacidad de elegir nuestras emociones; usted puede elegir ser: positivo o negativo, ganador o perdedor, feliz o infeliz. Pero ¿acaso no será mejor elegir lo mejor? Es decir, ser positivos, ganadores, felices. Usted sí puede ser positivo, es solamente ordenar a tu "cerebro" que puedes serlo, no lo dudes. Tú eres lo que quieres, es solo cambiar de actitud para desarrollar en tu mente y corazón una verdadera <u>Actitud Mental Positiva</u>.

Repítase siempre: Soy positivo, me siento feliz desde que amanece hasta que anochece ¡Sí se puede! Usted es lo más maravilloso que existe.

Ser Positivos: ¿Qué significa para usted ser positivos?

PENSAMIENTO POSITIVO

Nuestro cerebro es el más maravilloso de todos los computadores, ¿Quién maneja mi cerebro? yo, a través de mis pensamientos.

"La palabra tiene poder", dice la Biblia, nosotros somos lo que pensamos, la mente humana es la más perfecta de todas las máquinas, Dios nos dio el poder para manejarlo eficientemente, todo lo que tenemos que hacer es pensar de forma positiva.

¿Cómo puedo pensar de forma positiva en un mundo tan negativo? Reprogramando mi cerebro, primero elimino todo archivo, información, sentimiento, o pensamientos negativos y los cambio por sentimientos o pensamientos positivos, ejemplo: ¡Sí puedo! ¡Lo lograré! ¡Soy el mejor! ¡Soy un ganador!

¿Cómo lo puedo lograr? Con capacidad neurolingüística; es decir, voy a escuchar, ver y repetir cosas positivas, no perder mi tiempo en cosas negativas que lo único que hacen es perjudicarme desmejorando mi calidad de vida. Entendámoslo, somos las criaturas más maravillosas del universo.

HÁBITOS POSITIVOS

Todo en la vida es un proceso; entonces, empieza por tomar la decisión de buscar la paz interior, de aumentar el amor propio con pensamientos positivos, esfuérzate por iniciar un cambio extremo en tu vida con hábitos mentales positivos.

"El hábito hace al monje", dice un refrán, un hábito es una costumbre que se adquiere cuando usted practica un mismo ejercicio varias veces, es una cualidad especial que va diseñando nuestra personalidad. Ejemplo: el hábito de lavarnos los dientes, de bañarnos, de ser educados.

Si yo realmente, a partir de hoy, quiero transformar mi vida positivamente ¿qué hábitos debo tener? Los siguientes:

Leer: Es un hábito que me permitirá acumular información positiva en mi cerebro. Por supuesto, debo leer información que me permita crecer como persona.

Ver: Es un hábito que me permitirá observar con atención lo que me rodea para aprender de ello. Por ejemplo, programas de conocimientos generales, experiencias de vida.

Escuchar: Es un hábito que me permite atender los mensajes auditivos para mejorar mi calidad de vida. Por ejemplo, canciones programas de radio.

Hacer Ejercicios: Un hábito que me permite llevar una vida sana.

Alimentación Balanceada: Me permite mejorar mi calidad de vida reflejada en mí buena salud.

Cuando yo me concientizo que todos estos hábitos me permiten crecer como ser humano, tomo la decisión y entonces, sin duda, diré lo siguiente: ¡Lo haré y lo voy a lograr!

ACCIONES POSITIVAS

La clave es construir ya o enseguida, es ahora o nunca; no hay tal vez, ni segunda oportunidad. La acción me permitirá tomar la decisión, mejorar mi calidad de vida. Contribuir al mejoramiento de

mi primer entorno: mi familia. Contribuir con mi trabajo eficiente, efectivo, solidario, para el desarrollo integral de mi empresa. Contribuir, como ciudadano, a una mejor convivencia en nuestro país.

Cuando nos hemos desarrollado como seres humanos inteligentes con la habilidad de hacer acciones positivas, de construir, es porque estamos madurando y en nuestro ser interior estamos avanzando hacia un estado de conciencia pura. Ese estado de madurez de nuestra conciencia nos permite visualizar un mundo más positivo lleno de esperanza, de hermandad, de compromiso, buscando un cambio permanente hacia la excelencia.

Cuando soy positivo las caídas las asimilo como experiencias, de lo malo saco lo bueno, aprendo, me genera conocimiento, aprendo a ser maduro y la madurez me da la sabiduría para aprender a vivir la vida y ser un ser humano resiliente.

Soy Positivo
Autoevaluación
(Autocalifíquese de 1 a 10)

	Puntos
1. ¿Se considera usted una persona positiva?	
2. ¿Es alegre, feliz?	
3. ¿Cree que ser positivo mejora su calidad de vida?	
4. ¿Es usted positivo en las adversidades?	
5. ¿Es para usted un estilo de vida el ser positivo?	
6. ¿Cree usted que siendo positivo mejora la convivencia?	
7. ¿Puede mantener siempre actitud mental positiva?	
8. ¿Mantiene el equilibrio emocional en los problemas?	
9. Cuando tiene problemas, ¿se fija en las soluciones?	
10 ¿Sabe reconocer sus debilidades?	
TOTAL PUNTOS	

RESULTADOS

0 a **50**	**Muy mal**	
51 a **60**	**Mal**	
61 a **70**	**Regular**	
71 a **80**	**Bien**	
81 a **90**	**Muy bien**	
91 a **100**	**Excelente**	

LA INTEGRIDAD

1. ¿Qué significa para usted ser una persona íntegra?

2. ¿Se considera usted una persona íntegra? ¿Por qué?

3. ¿Cree usted que ser integro le mejora su calidad de vida? ¿Por qué?

Training For Life
Entrenamiento Para La Vida

Ser íntegro
es ser un ser humano
excepcional, que sólo
tiene como estilo de vida,
valores y principios,
dejando huellas positivas
para construir
sociedad.

Ser íntegro

¿Qué significa ser una persona íntegra? Una persona íntegra es un ser humano "extraordinario" que tiene como modelo de vida los valores, los principios; su estilo de vida positivo lo lleva siempre a dejar huellas; su comportamiento es el de un líder positivo que construye tejido social en la comunidad.

¿Qué son los valores? Son cualidades que tenemos las personas que al convertirlas en acciones nos permiten ser un ejemplo y modelo positivo dentro de la sociedad.

¿Qué son los principios? Constituyen un código de ética interior que me concientiza para colocar fronteras entre lo bueno y lo malo, me hace reconocer con inteligencia, con sabiduría, que es mejor actuar bien que actuar mal.

Cuando soy integro he desarrollado en mi vida cualidades como la coherencia y la consciencia, no puedo exigir a otros a ser honestos, tolerantes, respetuosos y positivos cuando yo no lo soy,

Bien lo decía Albert Einstein: **"El ejemplo no es solo una forma de enseñar, es la única"**, como un excelente líder positivo debo enseñar con el ejemplo.

La integridad

Autoevaluación

(Autocalifíquese de 1 a 10)

	Puntos
1. ¿Se considera usted una persona íntegra?	
2. ¿Deja huellas positivas con sus acciones?	
3. ¿Tiene valores positivos como modelo de vida?	
4. ¿Tiene principios como estilo de vida?	
5. ¿Considera importante los valores para mejorar su calidad de vida?	
6. ¿Es usted consciente de la importancia de ser integro?	
7. ¿Su comportamiento es siempre el mejor?	
8. ¿Sabe reconocer sus errores?	
9. ¿Puede controlar sus emociones?	
10. ¿Puede ser integro aun en las adversidades?	
TOTAL PUNTOS	

RESULTADOS

0 A **50**	**Muy mal**	
51 A **60**	**Mal**	
61 A **70**	**Regular**	
71 A **80**	**Bien**	
81 A **90**	**Muy bien**	
91 A **100**	**Excelente**	

LA FELICIDAD

1. ¿Qué significado tiene para usted la felicidad?

2. ¿Se considera usted una persona feliz? ¿Por qué?

3. ¿Cree usted que ser feliz le mejora su calidad de vida? ¿Por qué?

SOY FELIZ

Ritmo: Pasaje llanero
Autor: Hugo I. Tapias M.

I

Yo soy feliz, le doy gracias a Dios
siempre cuando despierto,
y siento que estoy vivo,
es una Bendición.

II

Dios es muy grande
y justo en su bondad,
he caído muchas veces, pero me levanto
Con la frente en alto

III

Yo me levanto siempre con el pie derecho,
y siempre digo: qué día tan maravilloso.
Dios es sabio, me ha dado lo bueno,
Él siempre me guía y me da mucho gozo.

IV

El ser feliz es una elección de vida,
y solo tienes que tomar la decisión,
de hacer lo bueno y de compartir con todos
la felicidad, la alegría, y el amor de nuestro Dios.

V

Perdona siempre, y muy sinceramente,
libera todos los rencores, malas energías
y serás feliz.

LA VERDADERA FELICIDAD

El secreto del verdadero *éxito* de todo ser humano es ser feliz. Ahora bien, la verdadera felicidad la encontramos cuando entendamos que hay que crecer de adentro hacia fuera, y no de afuera hacia dentro; a veces fallamos los seres humanos en fijarnos en lo exterior, lo material, sin percibir que lo más maravilloso está en mi interior, en mi espiritualidad.

Podríamos definir la felicidad como el crecimiento integral de las personas de adentro hacia afuera, para lograr bienestar espiritual, bienestar emocional y bienestar material.

Ser verdaderamente feliz es aprender a disfrutar de todas las cosas maravillosas que nos da la vida, es aprender a ser agradecidos, a darle gracias a Dios por todas las cosas maravillosas que nos ha dado: la vida, la salud, la inteligencia, la familia, el trabajo, el aire, el agua, la naturaleza, todo sin excepción. La felicidad nos permite admirar lo bello, lo maravilloso que es la vida. Debemos ver la vida como una bendición, una oportunidad, un privilegio; el solo hecho de estar vivo es la felicidad más grande que deberíamos sentir todos los seres humanos, el poder despertar, apreciar un nuevo día, respirar, caminar, son las bendiciones más maravillosas que deberíamos sentir los seres humanos

El ser felices es una elección de vida, somos inteligentes, tenemos el libre albedrío, podemos escoger nuestras emociones; Por lo tanto, cántale a la vida, apréciala, disfrútala, compórtate, sirve a tus semejantes, vive feliz, descubrirás el tesoro más maravilloso de tu existencia.

LA FELICIDAD

Es el desarrollo integral del individuo que permite el bienestar emocional, bienestar espiritual y bienestar material. El verdadero clímax de la felicidad ocurre cuando sentimos gozo, armonía, amor, paz en nuestras mentes y corazones. Entonces, partiendo de la lógica, del orden que todo debe tener en la vida, analicemos la definición que les compartí sobre la felicidad.

El desarrollo integral del individuo.

La palabra desarrollo significa crecimiento integral en todas las áreas, partiendo primero de adentro hacia afuera. Qué es crecer de adentro hacia afuera: En valores y en principios.

Bienestar Emocional:

Es la capacidad que tengo como persona de aprender a manejar mis emociones, de controlar eficientemente las diferentes adversidades que se me presentan en mi camino, logrando armonía y control de mis emociones.

Bienestar Espiritual:

Es la capacidad que tengo como persona de tener una excelente relación con Dios, es tener paz interior, tener la certeza que estoy actuando de forma correcta para el agrado de nuestro Padre Celestial. Dice Mateo 6:33: "Buscad primero el reino de Dios y su justicia, las demás cosas vienen por añadidura".

Bienestar Material:

Es la capacidad que tengo como individuo de tener lo indispensable para llevar una vida digna para mí y mis familiares; es aprender a manejar de una manera eficiente los recursos económicos, es aprender a gastar solo lo necesario; Es aprender a ahorrar; Es aprender a ser emprendedor, a no tener miedo e intentar proyectos de negocios que me permitan llegar a tener libertad financiera.

En conclusión, para poder lograr la felicidad cada uno de estos elementos deben estar conectados. así, si estoy muy bien con dios, si emocionalmente me siento bien, lo demás viene por añadidura.

REFLEXIONES PERSONALES:

¿Los seres humanos podemos ser felices?

____

____

¿Las adversidades en la vida nos quitan la felicidad?

____

____

¿Sólo podemos tener algunos momentos de felicidad?

____

____

¿Será que es imposible, como algunos dicen, ser feliz? ¿Qué opina?

____

____

____

No pretendo con este escrito cambiarle la vida a nadie. Pero, si quedo muy feliz que al menos usted, mi estimado lector y amigo, reflexione sobre su vida, decida lo mejor para usted y los suyos.

SOY LO QUE YO PIENSO

Estoy absolutamente convencido que sí podemos ser totalmente felices, no importa las adversidades que enfrentemos en la vida. El ser feliz no quiere decir que no tengamos problemas, que esos obstáculos nos quitan la felicidad; pero, cuando desarrollamos "la conciencia" sabemos que los problemas, por muy difíciles que parezcan, tienen solución.

No piense que por los problemas es imposible ser feliz. Te digo, con respeto y aprecio, que sí puedes ser feliz en medio de la turbulencia, de los obstáculos, de las adversidades, de los inconvenientes o de

los problemas. Yo creo, yo siento, yo pienso, yo digo: ¡Soy feliz porque soy un ser inteligente, racional, que manejo el libre albedrío y soy capaz de elegir qué me conviene en la vida!

La felicidad es un proceso, se requiere entrenamiento, no llegará a nosotros por casualidad, requiere preparación mental y emocional. Analicemos algunos de estos pasos para aprender a ser totalmente felices en medio de las turbulencias.

DECISIÓN

Un día, dictando una de mis conferencias sobre la felicidad, una señora me preguntó: Dígame Señor Tapias ¿cómo puedo ser totalmente feliz? ¿Cuál es la fórmula?

Es muy sencillo, para ser feliz sólo tiene que decidir ser feliz, así como lo oye; la felicidad es una decisión que me permite, como ser inteligente, elegir mis emociones buscando bienestar integral y mejoramiento de mi calidad de vida.

Podemos definir el término "decisión" como la capacidad que tenemos los seres humanos de elegir una opción buscando satisfacción y bienestar integral en la calidad de vida.

Un día cualquiera, después de una de mis conferencias, me encontré con uno de los empresarios que había asistido a uno de mis talleres, me invitó a un café y me comentó lo siguiente: "Llegué a mi casa la noche anterior y mientras yo trabajaba en el computador, mi señora comenzó a reclamarme de mal humor y gritando que dónde había estado todo el día. No le contesté y, por supuesto, esto la puso mucho más rabiosa porque ella estaba acostumbrada a que yo siempre le contestaba y se llegó a una competencia quién gritaba más duro; entonces, mi señora cogió una almohada y comenzó a pegarme, yo solo le decía: mi amor yo te amo. Lo que ella no sabía era que yo había tomado la decisión de manejar mis emociones y que ninguna turbulencia, por muy difícil que esta pareciera, me iba a desequilibrar".

Claro, usted es el único que decide:

- Ser feliz o infeliz

- Ser positivo o negativo
- Ser ganador o perdedor

Usted, sólo usted decide lo que es mejor en su vida.

PAZ INTERIOR

La humanidad presenta en estos momentos problemas gravísimos de salud mental; pero, lo más grave es que la mayoría de las personas no reconocen ese desequilibrio emocional con efectos sobre ellas y quienes hacen parte de su entorno relacional.

Muchas personas viven estresadas, con problemas muy delicados que afectan la personalidad y entonces aparecen enfermedades como: depresión, angustia, desosiego, inconformismo, desespero, celos, esquizofrenia y la ansiedad. ¿Qué está pasando? ¿Por qué no tenemos paz interior? Porque la mayoría de las veces buscamos la felicidad por fuera, no nos damos cuenta que está dentro de nosotros mismos. ¿Cómo puedo alcanzar esa paz interior? Buscando bienestar espiritual, no importa tu credo, estoy seguro que si tenemos a Dios en nuestra vida y nuestro corazón podemos tener esa paz interior que tanto anhelamos, que nos da tranquilidad, armonía, esperanza, gratitud, entusiasmo, pasión y felicidad. Aprendamos a disfrutar cada instante de la vida con alegría en nuestros corazones, porque Dios es un Dios de amor y quiere lo mejor para nosotros.

En alguna ocasión, antes de la creación del mundo, un grupo de duendes se reunió y entre todos acordaron hacerles una broma a los seres humanos.

¿Qué broma? preguntó uno de ellos:

Vamos a esconderles la felicidad.

Pero ¿dónde? preguntó otro de ellos.

En lo más profundo del mar, seguro nunca la encontrarán y los humanos serán infelices.

No, allá no contestó uno de los presentes y argumentando su repuesta dijo: Los humanos serán seres muy inteligentes, algún día uno de ellos se inventará una nave para llegar a lo más profundo

del mar y seguro encontrarán la felicidad y la compartirán con todos.

Otro de ellos propuso:

Escondamos la felicidad en la montaña más alta de la tierra, seguro ninguno de ellos podrá llegar hasta allá.

No, con seguridad, los humanos serán tan osados que alguno de ellos llegará hasta ese lugar, encontrarán la felicidad y la compartirán con todos.

Otro dijo:

Mejor esconderla en la galaxia más lejana de la tierra.

Allá tampoco —opinó otro de los duendes. Los humanos serán tan brillantes que algún día uno de ellos se inventará una nave y llegarán hasta ese lugar compartiendo la felicidad con todos. Entonces, ¿dónde la escondemos?

Finalmente, el más anciano dio una respuesta sabia:

Escondámosla dentro de ellos mismos, seguro, pasarán todo el tiempo buscándola por fuera sin saber que está dentro de ellos mismos. (Autor anónimo).

La felicidad
Autoevaluación
(Autocalifíquese de 1 a 10)

	Puntos
1. ¿Se considera usted una persona feliz?	
2. ¿Mejora su calidad de vida siendo feliz?	
3. ¿Mejora la convivencia siendo feliz?	
4. ¿Considera su familia feliz?	
5. ¿Es la felicidad importante para mejorar su calidad de vida?	
6. ¿Es usted consciente de la importancia de ser feliz?	
7. ¿La felicidad depende de nosotros?	
8. ¿Mejora su entorno siendo feliz?	
9. ¿Puede controlar sus emociones?	
10. ¿Puedo ser feliz, aun en las adversidades?	
TOTAL PUNTOS	

RESULTADOS

0 A 50	Muy mal	
51 A 60	Mal	
61 A 70	Regular	
71 A 80	Bien	
81 A 90	Muy bien	
91 A 100	Excelente	

TRAINING FOR LIFE
ENTRENAMIENTO PARA LA VIDA

SER POSITIVO,
ES UN ESTILO
DE VIDA
QUE ME DA
bienestar.

SER UN LÍDER POSITIVO

1- ¿Qué significa para usted ser un líder positivo?

2- ¿De qué manera podría demostrar usted que es un líder positivo?

3- ¿Se considera usted una persona capaz de ejercer un liderazgo positivo para su vida, familia y la sociedad en general?

CONSTRUYENDO PATRIA
Autor: Hugo I. Tapias M.
(Cumbia)

I

Vamos todos a construir
en esta hermosa nación
un país lleno de amor
positivo y siempre en paz

II

País tan lindo como el nuestro
se merece lo mejor
Dios nos dio mucha riqueza
su gente es una bendición

III

Aprendamos a tolerarnos unos con otros
aprendamos a respetar con nuestras diferencias
Colombia se lo merece Colombia es lo mejor
eres parte de un equipo, un equipo ganador.

IV

Señor yo te pido hoy con todo mi corazón
que nos dé paz y armonía en nuestra nación
luchemos por nuestra patria, luchemos con mucho amor
llenos de paz y armonía por nuestra hermosa nación

V

Aprendamos a tolerarnos unos con otros
aprendamos a respetar nuestras diferencias
Colombia se lo merece, Colombia es lo mejor
eres parte de un equipo, un equipo ganador

¿Qué significa desarrollar un liderazgo positivo?

Primero analicemos: ¿Qué significa desarrollar un liderazgo positivo? Un líder positivo es un ser humano extraordinario que vive con valores y principios como modelo de vida, con sus acciones deja una huella positiva en la sociedad, la gente lo sigue por sus ideales.

¿Puedo ser líder de otros sin controlar mi propia vida? No, de ninguna manera, yo no puedo dirigir, o guiar a otros si en la realidad no estoy demostrando que puedo manejar mi vida, mis emociones y mi comportamiento positivamente.

Primero conócete a ti mismo, viaja hacia lo más profundo de tu interior, reconócete, valórate, evalúate, quiérete, autoevalúate para poder reconocer tus debilidades y convertirlas en fortalezas.

Tenemos el ejemplo de algunos líderes universales que, a pesar de haber muerto, viven todavía en nuestros corazones. ¿Qué tenían en común líderes como Jesús de Nazaret, Simón Bolívar, Gandhi o la Madre Teresa de Calcuta? Esas personalidades, de enorme trascendencia, lucharon por sus ideales con valores, con principios como modelo de vida; si usted estudia sus vidas notará que se parecen mucho en su comportamiento, fueron seres maravillosos que ejercieron un "Liderazgo Transformador Positivo" en beneficio de la humanidad. Esas personalidades lo hicieron en tiempos pasados; pero, en la actualidad hay líderes ejemplares que le sirven a sus semejantes como Líderes Transformadores Positivos. Estimado amigo lector: usted también puede desarrollar un liderazgo transformador positivo en beneficio de la humanidad.

Un líder transformador positivos es aquel que está al servicio de sus semejantes, sin esperar nada a cambio. Lo reitero: usted y todos aquellos que así lo decidan pueden ser a partir de hoy "Líderes Transformadores Positivos", en beneficio de la humanidad.

¿Cuáles son las cualidades o valores que tienen los Líderes Transformadores Positivos que los hacen ciudadanos ejemplares?

Los Líderes Transformadores Positivos tienen algunas cualidades o valores en común, eso es precisamente lo que hace la diferencia. Pero ¿Yo, un ser humano común y corriente, puedo llegar a desarrollar un Liderazgo Transformador Positivo? Claro que sí, los líderes son seres humanos comunes y corrientes.

¿Cuáles son las cualidades o valores que demostraron esos seres humanos maravillosos que los convirtieron en verdaderos líderes, para transformar la sociedad y ser guías de muchas personas?, amor, fe, servicio, perseverancia, etc. Fueron un conjunto de cualidades que los hicieron maravillosos, pongamos un ejemplo: Si usted va a preparar su plato preferido para ofrecerlo a invitados especiales, parte de saber muy bien cuáles son sus ingredientes. Pero, imagínese que olvidó un sólo ingrediente en ese plato, ¡Se le olvidó la sal en la comida! Por ese sólo ingrediente el plato no será igual. Así mismo sucede con nosotros, los seres humanos. Para poder ejercer un "Liderazgo Transformador Positivo" debemos tener algunas cualidades o valores que solo las poseen los líderes transformadores positivos; sin embargo, vemos con preocupación la "involución" que existe en el desarrollo de las personas y una manifestación de esa involución es la violencia en todos los ámbitos sociales. Es importante destacar que la sociedad actual ha evolucionado tecnológicamente, empresarialmente, pero ha "Involucionado" en cuanto al manejo del comportamiento humano.

La sociedad actual se está desmoronando y lo podemos ver en el rompimiento de parejas que perjudica la formación integral de los

hijos, en la corrupción política y administrativa en todos los niveles que demuestra el poco interés que tienen nuestros dirigentes por los bienes y recursos públicos. Esto nos conduce a la decadencia, convirtiéndonos en seres egoístas, egocentristas; es decir, sólo nos interesa nuestro interés personal, poco nos interesa servir a los demás.

La invitación es a reflexionar sobre la construcción de una sociedad más justa, equitativa para todos, con un desarrollo integral de las personas que la conformamos. Propongo que reflexionemos sobre lo que está pasando y busquemos cambios positivos para construir una mejor sociedad. El compromiso debe ser de todos los que tenemos la facultad, la decisión de elegir qué es lo que más nos conviene. Todos debemos aportar lo mejor de nosotros para la creación de una sociedad donde podamos vivir en armonía con nuestros semejantes, para que podamos "construir" desde ya una nueva sociedad para las nuevas generaciones.

Este compromiso debe empezar desde hoy, es ahora o nunca. Así como tenemos el privilegio de la vida única e irremplazable, igualmente debemos tener el privilegio de cambiar positivamente este mundo en donde vivimos.

Líder Transformador Positivo

(Autocalifíquese de 1 a 10)

	Puntos
1. ¿Se considera usted un verdadero líder en la sociedad?	
2. ¿Es consciente que un Líder Positivo enseña con el ejemplo?	
3. ¿Es usted un ciudadano que aprende de sus errores?	
4. ¿Reconoce con humildad sus fallas o faltas?	
5. ¿Es usted un ciudadano que reconoce, que ser un líder positivo requiere compromiso?	
6. ¿Tiene la convicción absoluta que ser un líder positivo es bueno para mejorar la convivencia?	
7. ¿Le gusta, como ciudadano de bien, cumplir con las normas de convivencia en la sociedad?	
8. ¿Se considera usted una persona capaz de controlar sus emociones?	
9. ¿Se considera usted un líder con capacidad de aceptar a sus semejantes tal y como son?	
10. ¿Es usted capaz de ejercer a partir de hoy, un liderazgo en beneficio de la humanidad?	
TOTAL PUNTOS	

RESULTADOS

0 A **50**	**Muy mal**	
51 A **60**	**Mal**	
61 A **70**	**Regular**	
71 A **80**	**Bien**	
81 A **90**	**Muy bien**	
91 A **100**	**Excelente**	

Responsabilidad familiar

1. ¿Qué papel, cree usted, que juega la familia en la sociedad?

2. ¿Se considera usted una persona que valora su familia?
   ¿Por qué?

3. ¿Qué compromiso asume a partir de hoy, para mejorar la convivencia en su familia?

Amor y Respeto

Ritmo: Merengue Vallenato
Autor: Hugo I. Tapias M.

I

Este merenguito alegre
se lo voy a dedicar
a toditas las mujeres
son ellas felicidad.

II

Con amor y con respeto
los hombres debemos ya
tratar bien a la mujer
sin violencia en el hogar.

III

Un ejemplo positivo
a mis hijos les daré
siendo siempre tolerante
respetando a la mujer

IV

El hogar es lo más lindo
que existe en la sociedad
vive siempre con valores
buscando felicidad.

V

Hoy pido a todos los hombres
traten bien a la mujer
porque ellas se merecen
tu cariño y que seas fiel.

VI

A mi Dios que es lo más lindo
hoy le pido con amor
que bendiga a las mujeres
y les de su protección.

LA IMPORTANCIA DE LA FAMILIA EN LA SOCIEDAD

La familia es la fuente de toda fraternidad, por eso es también el fundamento y el camino primordial para la paz, pues por vocación debería contagiar al mundo con su amor. (Palabras del Papa Francisco). Es pues la familia la célula fundamental de la sociedad, que nos permite a través del amor, el respeto, la solidaridad y la comprensión, crear lazos indestructibles formando miembros felices y útiles a la sociedad. Una pregunta: ¿En la actualidad qué está pasando en nuestra sociedad con las familias? Nos damos cuenta, lamentablemente, la destrucción progresiva de las familias teniendo como consecuencia hogares disfuncionales, integrantes infelices, muchas veces con problemas delicados de salud mental. La sociedad está enferma, en cuidados intensivos, lo cual genera una violencia generalizada en todos los escenarios, degradando de una forma muy peligrosa toda nuestra sociedad. ¿Qué podemos hacer, como ciudadanos de bien, para mejorar nuestra sociedad? Tomar conciencia de nuestros actos, ser maduros, actuar con responsabilidad, con respeto, con inteligencia, para reconocer que la familia es la célula más importante de la sociedad. Como miembros de una familia tenemos que hacer todo lo que esté a nuestro alcance para mantener la unidad, la confianza, el respeto, la felicidad, la prosperidad de todos los miembros teniendo como estilo de vida valores y principios que hagan la diferencia. ¡Claro que si se puede! Todo lo que tenemos que hacer es tomar la decisión de buscar cambios positivos en mi vida que influyan positivamente en nuestro entorno, en cada uno de los miembros de nuestra familia para poder construir entre toda una mejor sociedad.

1. Ame su familia sobre todas las cosas: Si queremos una sociedad sana, feliz, próspera y competitiva, empieza por construir las bases más profundas, fuertes y sólidas desde tu familia, porque es la base más importante dentro de la sociedad. Amar tu familia sobre todas las cosas, te permitirá construir el tejido social más compacto y completo para tener una sociedad feliz, con individuos capaces de lograr cualquier cosa, porque tienen la base del amor y la comprensión, estos valores les permitirá desarrollar una alta

autoestima convirtiéndose en personas útiles a su familia y a la sociedad. Valora tu familia, cuídala, es tu principal activo. Por lo tanto, reconocer la familia como el valor más importante dentro de la sociedad, me obliga a preservarla con todos los cuidados necesarios para alcanzar la felicidad y la prosperidad de todos sus miembros.

2. Utilice el diálogo, el buen trato para resolver conflictos: Partamos de una realidad, todas las personas somos diferentes, es tan perfecta la creación de Dios en nosotros, que cada uno tiene su propio empaque; claro, jamás se repetirán las huellas digitales de ninguna persona, ni entre los que han muerto, ni los que nacerán, motivo por el cual aceptar esas diferencias, con inteligencia, nos permitirá resolver cualquier conflicto en la familia a través del diálogo y el buen trato. Los animales por muy fiera que sean, si los tratas bien son mansos; cualquier individuo por muy difícil que parezca, si hay buen trato la persona cede. Aprendamos a tratar bien a nuestros semejantes, es la mejor forma de construir sociedad. Así, es importante resolver cualquier clase de conflicto a través del diálogo, para dar ejemplo positivo y lograr una convivencia pacífica desde la familia.

3. Sea humilde, reconozca sus errores cuando los cometa: Sea sincero, honesto con usted mismo; cuando cometa errores, pida disculpas; esto nos da un plus como personas y nos da grandeza como individuos; el pedir disculpas, pedir perdón no significa que nos rebajemos, más bien, significa que somos personas maravillosas capaces de reconocer nuestros errores, dispuestos a mejorar por el bienestar individual, familiar y de la sociedad.

4. Respete para que lo respeten: No puedo pedir lo que no doy, entendamos como seres inteligentes que debemos respetar para que nos respeten, como excelentes líderes enseñamos con el ejemplo; entonces, sea el primero en respetar y el efecto será positivo en su entorno mejorando la familia y la sociedad.

5. Trabaje en equipo, su familia es una empresa: Entendamos que al momento de unirnos a otra persona para formar una familia "los dos son uno", como dice la Biblia. Ya no podemos, ni debemos seguir siendo individualistas, ni egoístas; debemos tratar

de unificar conceptos de pareja para avanzar, triunfar, ser felices, andando juntos por la vida con unidad de criterio. Esto no es imposible, tampoco difícil, todo lo que se requiere es la voluntad de sus miembros para entender que de ahora en adelante son un equipo dispuesto a luchar para seguir adelante sin retroceder, venciendo los obstáculos juntos, para avanzar en la vida buscando la felicidad.

6. Disfrute con su familia: Su familia es lo más importante, cualquier espacio que disponga utilícelo para compartir con sus seres queridos. Ese espacio nos permitirá conocernos, aceptarnos, respetarnos, desarrollando unos lazos de hermandad y comprensión indestructibles. Además, nos permitirá acercarnos para protegernos unos a otros, como una verdadera familia.

7. Establece Reglas: Una sociedad sin reglas, es como un partido de fútbol sin árbitro. ¿Se imagina usted una final de un campeonato mundial sin árbitro? Sería un caos, cada jugador haciendo lo que le viene en gana, generando descontento en los demás. Como personas inteligentes y racionales debemos reconocer que las reglas son importantes en una sociedad para vivir en armonía, respeto y tolerancia con todos nuestros semejantes. Las reglas deben ser claras, precisas y estrictas; aunque no nos gusten debemos aceptarlas y respetarlas, para lograr acuerdos positivos de comportamiento, en el marco de la convivencia, con resultados en la cohesión social

8. Ame a su familia: "Donde hay amor hay paz, donde hay paz hay armonía y respeto", decía San francisco de Asís. El amor es una herramienta mega poderosa para construir sociedad, construir paz, construir familias felices. El amor nos enseña a tolerar y aceptar a los otros aunque no sean perfectos. Yo no soy perfecto, usted no es perfecto, nadie es perfecto, motivo por el cual cuando hay amor aprendemos a aceptar a nuestros semejantes tal y como son y nos permite entender y escuchar las opiniones de los demás sin que estemos de acuerdo en sus opiniones. El amor es saber comprender, asumiendo que nos ponernos en los zapatos del otro.

9. Sea Paciente: El ser paciente significa tener conocimiento de paz interior, no desesperarnos; pero, requiere un proceso de

maduración para lograr la excelencia. Para lograr armonía en las familias debemos saber esperar, los resultados no se dan de un día para otro. Conocer, comprender, entender a otro ser humano lleva su tiempo y, como tal, nos exige tener paciencia como fundamento para construir sociedad, con familias felices y armoniosas.

10. Ponga a Dios en el centro de la familia: "Buscad primero el reino de Dios y su justicia, lo demás viene por añadidura" (Mateo 6:23). Dios debe ser nuestro principal aliado en nuestras familias; no importa su creencia religiosa, estoy convencido que todos somos hijos de Dios, tengo la certeza, la convicción, la seguridad, que Dios quiere familias felices, armoniosas y prósperas. Aprendamos a reconocer que Dios mora en nuestros corazones, en nuestras vidas, demostrando que se es un excelente padre o madre, un excelente esposo(a), un excelente hijo(a), amando y perdonando a mis semejantes, siendo coherente con lo que digo, pienso y hago. Dios debe ser el centro y el soporte de nuestras familias; Dios debe ser ese Ser Supremo que nos guía a ser mejores personas, mejores ciudadanos. Que Dios, en su infinita sabiduría nos ilumine a todos para construir mejores familias, construyendo una mejor sociedad.

MANUAL DE CONVIVENCIA EN LAS FAMILIAS

1. Ame a su familia sobre todas las cosas
2. Utilice el dialogo, el buen trato para resolver cualquier conflicto
3. Sea "Humilde" reconozca los errores cuando los cometa
4. Respete para que lo respeten
5. Trabaje en equipo, su familia es una empresa
6. Disfrute con su familia todos los espacios que pueda
7. Entienda que las reglas o normas en la familia son importantísimas para llevar una buena convivencia
8. Tenga presente que el "Amor" es el arma más poderosa para entender, para que me entiendan, perdonar, que me perdonen, saber escuchar, que me escuchen, conocer, que me conozcan y aprender a reconciliarnos por muy profundas que sean las diferencias y demostrar en el amor de Dios que somos seres inteligentes que estamos para ser felices y hacer feliz a los demás
9. Tenga Paciencia para que se den los cambios, todo lo bueno en la vida necesita de un proceso de maduración
10. Dios debe ser el centro de su familia, su amigo incondicional, El que siempre los acompañe, les de sabiduría, inteligencia, bienestar, prosperidad a todo los miembros de la familia, logrando que cada uno sea un ciudadano útil, modelo positivo dentro de la sociedad.

La familia en la sociedad

Autoevaluación

(Autocalifíquese de 1 a 10)

		Puntos
1.	¿Se considera usted una persona que valora su familia?	
2	¿Es consciente que actuando con respeto puede mejorar la convivencia en su familia?	
3.	¿Es usted un ciudadano que respeta su familia?	
4.	¿Reconoce con humildad sus errores?	
5.	¿Reconoce que las reglas son importantes en las familias?	
6.	¿Considera que su familia es lo más importante?	
7.	¿Le gusta compartir con su familia?	
8.	¿Considera usted que su familia es feliz?	
9.	¿Es usted un ejemplo positivo para su familia?	
10	¿Tiene como estilo de vida valores y principios?	
	TOTAL PUNTOS	

RESULTADOS

0 A 50	Muy mal	
51 A 60	Mal	
61 A 70	Regular	
71 A 80	Bien	
81 A 90	Muy bien	
91 A 100	Excelente	

Responsabilidad laboral

1- ¿Qué significa para usted ser responsable en la parte laboral?

2- ¿Se considera usted una persona responsable en la parte laboral? ¿Por qué?

3- ¿Cree usted que siendo responsable puede mejorar la competitividad empresarial?

TRAINING FOR LIFE
ENTRENAMIENTO PARA LA VIDA

Como líder positivo,
tengo sentido de pertenencia
con mi empresa,
trabajo en equipo,
respeto las reglas
y me comprometo
a ofrecer
el mejor servicio
a nuestros clientes.

Responsabilidad laboral
Competitividad

En una sociedad capitalista, si queremos ser altamente competitivo debemos asumir compromisos como persona que nos lleven a tener sentido de pertenecía, aceptar las reglas de la empresa, aprender a trabajar en equipo, buscar la excelencia y prestar un excelente servicio

Sentido de pertenencia: Es el compromiso que asumo como persona de colocarme la camiseta del equipo donde juego, en este caso mi empresa; es trabajar con pasión, dando siempre lo mejor de mí. Como se dice popularmente, es sudar la camiseta.

Reglas en la empresa: Como ser humano inteligente debo reconocer que en todas las empresas existen reglas o normas de comportamiento que debo respetar y cumplir.

Trabajo en equipo: Un equipo somos todos los que laboramos en la empresa. Es trabajar sin egoísmo, es estar comprometido con los ideales de la empresa y, como se dice en el común: es remar todos hacia un mismo norte.

Excelencia: Es estar consciente de solo ofrecer y hacer lo mejor, que se demuestra productos y servicios impecables; entonces, es ofrecer calidad, precios justos y una extraordinaria atención a los clientes.

Excelentes servicios: Es dar la mejor atención a nuestros clientes; es reconocer que el cliente es el activo más importante de toda empresa.

La responsabilidad laboral
Autoevaluación
(Autocalifíquese de 1 a 10)

	Puntos
1. ¿Se considera usted una persona responsable en su empresa?	
2. ¿Tiene sentido de pertenecía en su empresa?	
3. ¿Es usted una persona que sabe aceptar las reglas en su trabajo?	
4. ¿Sabe trabajar en equipo?	
5. ¿La excelencia está implícita en su estilo de vida?	
6. ¿Considera que su empresa es importante?	
7. ¿Reconoce en su cliente lo más importante?	
8. ¿Considera usted, que su empresa es competitiva?	
9. ¿Es usted un ejemplo positivo para su empresa?	
10. ¿Tiene como compromiso personal, mejorar la competitividad en su empresa?	
	TOTAL PUNTOS

RESULTADOS

0	A 50	Muy mal	
51	A 60	Mal	
61	A 70	Regular	
71	A 80	Bien	
81	A 90	Muy bien	
91	A 100	Excelente	

Cultura ciudadana

1. ¿Qué es para usted la cultura ciudadana?

2. ¿Se considera usted una persona que aplica la cultura ciudadana en su casa, su barrio y su ciudad? ¿Por qué?

3. ¿Qué podría aportar usted para generar un ambiente de cultura ciudadana en su ciudad?

TRAINING FOR LIFE
ENTRENAMIENTO PARA LA VIDA

Cultura ciudadana
es aprender
a desarrollar
una serie de hábitos
y valores positivos
que me permitirán
mejorar la convivencia
y construir
tejido social.

Responsabilidad social
cultura ciudadana

Podríamos definir la cultura ciudadana como el desarrollo de un conjunto de hábitos positivos que nos permite a los ciudadanos una mejor y sana convivencia con nuestro entorno, construyendo tejido social. También, es la capacidad que tenemos de aceptar y aplicar las reglas o normas de comportamiento en la sociedad, para generar una relación armoniosa con el medio que me rodea.

Cuando el Doctor Antanas Mockus nos enseñó con su particular lúdica que la cultura ciudadana debía ser parte integral de las personas, para tener una mejor sociedad, nos demostró que con educación y con responsabilidad, los ciudadanos podemos hacer una sociedad más amable, mejorando la calidad de vida de todos los ciudadanos. Al principio muchas personas tildaron de loco al Dr. Antanas Mockus, pero nos demostró a todos que si es posible educar a las personas en cultura ciudadana con valores y hábitos positivos, para mejorar nuestro vivir en la sociedad y nuestra relación con el entorno.

Se ha preguntado: ¿Qué podría aportar para mejorar mi cultura ciudadana en la casa, el colegio, la universidad, en el barrio, en la empresa y en la ciudad que habito? Muchísimo, en los pequeños detalles está la diferencia, tengamos presente que los primeros maestros para nuestros hijos somos nosotros, los padres de familia, de tal manera que, si actuamos bien o de manera incorrecta con nuestra vida, ellos nos imitan, para bien o para mal.

¿Cómo debe ser nuestra actuación en la sociedad? Por supuesto que súper bien. Si en verdad queremos aportar en la construcción de una mejor sociedad, entonces:

- Respetemos las leyes y nuestras autoridades.
- Respetemos a nuestros vecinos, demos buen ejemplo de convivencia pacífica. No hablemos mal de nuestros vecinos o familiares.
- Mantengamos nuestra casa limpia, bien arreglada, los líderes enseñamos con el ejemplo.
- Dialoguemos para solucionar nuestros conflictos.
- Cuidemos nuestro entorno: Mantengamos las calles y los parques limpios, bien cuidados. Amemos, cuidemos la naturaleza. Aprendamos a reciclar los residuos sólidos.
- Seamos ciudadanos legales, paguemos nuestros servicios e impuestos. Respetemos las leyes de tránsito.

Responsabilidad social
Cultura Ciudadana
(Autocalifíquese de 1 a 10)

		Puntos
1.	¿Se considera usted una persona con cultura ciudadana?	
2.	¿Cómo ciudadano respeta las reglas de convivencia?	
3.	¿Piensa antes de actuar?	
4.	¿Sabe escuchar y respeta a los demás?	
5.	¿Se considera usted un buen ciudadano?	
6.	¿Es usted de esos ciudadanos que clasifica los residuos sólidos?	
7.	¿Es usted respetuoso con las autoridades?	
8.	¿Es usted un ciudadano que vota en las elecciones?	
9.	¿Es usted un ciudadano legal?	
10.	¿Es usted un ciudadano, que cree que lo legal paga?	
	TOTAL PUNTOS	

RESULTADOS

0 a 50	Muy mal	
51 a 60	Mal	
61 a 70	Regular	
71 a 80	Bien	
81 a 90	Muy bien	
91 a 100	Excelente	

TRAINING FOR LIFE
ENTRENAMIENTO PARA LA VIDA

La responsabilidad
es un valor
que nos permite
asumir retos
en la vida.

Responsabilidad espiritual

1. ¿Qué significado tiene para usted la responsabilidad espiritual?

2. ¿Cree usted que tiene a Dios en su corazón? ¿Por qué?

3. ¿Cree usted que con responsabilidad espiritual mejora su calidad de vida? ¿Por qué?

GRACIAS SEÑOR

Autor: Hugo I. Tapias M.
(Ritmo: Balada)

I

Gracias Señor por mi vida,
regalo que tú me diste,
tú eres la estrella que guías
mis pasos para seguirte.

II

Me distes sabiduría
y alegría en mi corazón.
Tú me regalas la vida
yo te doy mi corazón.

III

Vivamos todos la vida
con alegría y entusiasmo.
como manda el Dios de arriba,
debemos todos amarnos.

IV

La razón de mi existir
eres tú y todo en mi vida.
las notas de mi cantar
hacen felices los días.

Responsabilidad espiritual

- **Dios**

- **Amor**

- **Fe**

- **Perdón**

- **Humildad**

"Buscad primero el reino de Dios y su justicia, que lo demás viene por añadidura" (Juan 6:23). Lo más grande, lo más maravilloso, lo más extraordinario, lo más espectacular es saber que Dios está habitando en mi mente y mi corazón. No importa tu credo, tal vez tus convicciones religiosas sean católicas, cristianas, musulmanas, entre otras, pero lo único cierto es que hay un Dios que nos ama a todos. Lo importante es tener humildad, sabiduría para entender que existe este ***Ser ultra mega maravilloso*** en el universo infinito que nos está observando a todos, sin distingo de clase o de creencia.

DIOS TODO LO HACE PERFECTO

Dicen que existía un rey que era demasiado prepotente, no creía en Dios, él se creía un Dios, pero uno de sus empleados más cercano creía muchísimo en Dios y siempre que tenía la oportunidad le decía a su majestad: Rey, mi señor, busca a Dios, acuérdate, Dios todo lo hace perfecto. El rey, prepotente y orgulloso, le decía a su empleado: ¡Tú mi empleado fiel, acaso no te das cuenta que yo soy Dios! Yo lo tengo todo en la vida, todo el dinero del mundo es mío, todas las tierras del mundo son mías, todas las mujeres del mundo son mías. El joven cristiano solo miraba a su rey y le decía: mi señor, busca a Dios, acuérdate, Dios todo lo hace perfecto. Cualquier día salieron de cacería con el rey, pero un león casi se devora al rey. El empleado, fiel y valiente, como pudo salvó al rey

de las garras de ese león furioso, lo mató salvando a su rey; sin embargo, el rey alcanzó a perder un dedo en el ataque del león y comenzó a quejarse, decía: miren como me quedo la mano de fea, he perdido un dedo. El joven cristiano se acercó a su rey y le dijo: Mi Rey no os preocupéis todavía estás vivo, sólo perdiste un dedo. El rey miró con rabia e indignación a su joven empleado y le dijo a otro de sus empleados: ¡pónganlo preso!

Casi tres años después el rey salió de nuevo a cacería; pero, esta vez lo capturaron unos caníbales y cuando ya lo tenían listo para el sacrificio, el rey miró hacia el cielo, elevó una oración y le dijo a Dios: ¡Dios! Si es verdad que tu existes ¡Sálvame! De pronto sucedió algo extraordinario, el jefe caníbal se le ocurrió mirar su presa que era el rey y cuando se dio cuenta que le faltaba un dedo exclamó: Yo no me como cosas imperfectas y lo soltaron.

El rey maravillado se dirigió hacia su palacio y apenas llegó lo primero que hizo fue mandar a sacar de la cárcel a su empleado fiel y le contó todo lo que pasó; el joven cristiano, con mucha admiración, le dijo de nuevo a su rey: Mi Señor, te distes cuenta que Dios todo lo hace perfecto. El rey con prepotencia le contestó: sí es verdad que tu dios todo lo hace perfecto, y ¿usted porqué estuvo 3 años preso? El joven cristiano con alegría en su mente y en su corazón le contó a su rey: Mi Señor si yo hubiese estado contigo a mí sí me hubieran sacrificado los caníbales, ¿no te das cuenta que yo si estoy perfecto? (autor anónimo)

Apreciado(a) lector: no importa las dificultades que tengas en la vida, nunca reniegues de Dios, porque Dios todo lo hace perfecto; lo único que Él quiere de nosotros, como seres humanos, es lo mismo que queremos de nuestros hijos: ¡obediencia! A veces ocurre que un fin de semana vamos a la iglesia cristiana o católica, nos damos golpes de pecho y decimos soy católico, soy cristiano y llegamos a nuestra casa o trabajo y tratamos mal a nuestros seres queridos, amigos y compañeros de trabajo. Dice la palabra de Dios: "No hagáis como los hipócritas que sólo van a la iglesia para que los vean, es mejor que ores sólo en tu aposento, que Dios que te ve en silencio, te recompensará en público".

Dios lo único que quiere de nosotros, es que seamos seres integrales, buenos con nosotros mismo (alta autoestima), en nuestras familias, amigos y compañeros de estudio o trabajo. Nada hacemos con predicar a los cuatro vientos que tenemos una convicción religiosa, pero, demostrando lo contrario, es mejor quedarnos callados, no decir nada, demostrando con hechos que somos seres humanos integrales, con valores y principios.

Dios en mi vida
Autoievaluación
(Autocalifíquese de 1 a 10)

	Puntos
1. ¿Considera usted que Dios está en su vida?	
2. ¿Se considera una persona coherente en su comportamiento?	
3. ¿Es usted una persona agradecida con Dios, con su vida?	
4. ¿Clama a Dios en sus problemas?	
5. ¿Busca a Dios para crecer interiormente?	
6. ¿Con Dios en su vida, toma mejores decisiones?	
7. ¿Dios es el centro de su vida?	
8. ¿Con Dios en nuestras vidas, mejoramos la convivencia?	
9. ¿Es usted una persona temerosa de Dios?	
10 ¿Está convencido que Dios mejora su calidad de vida?	
TOTAL PUNTOS	

RESULTADOS

0 A 50	Muy mal	
51 A 60	Mal	
61 A 70	Regular	
71 A 80	Bien	
81 A 90	Muy bien	
91 A 100	Excelente	

El Amor

1. ¿Qué es para usted el amor?

2. ¿Cree usted que tiene amor en su corazón? ¿Por qué?

3. ¿Cómo demostraría usted que tiene amor en su corazón hacia sus semejantes?

EL AMOR

Ritmo: Paseo
Autor: Hugo I. Tapias M.

I

El amor, el amor lo más grande que
Jesús nos enseñó.
el amor, el amor lo más grande
que el señor nos entregó (Coro)

II

Quien tiene amor en su vida,
tiene a Dios en su corazón.
y vive con armonía y
con paz en su interior.

IV

Aprende a amar a tu hermano,
acéptalo como es,
con respeto y tolerancia
porque imagen de Dios es.

III

Aprende a dar en la vida
que es mejor que recibir,
sin esperar nada a cambio
porque Dios te premia a ti.

V

Aprende a agradar a Dios
cumpliendo sus
mandamientos.
siendo un hijo obediente,
positivo y de buen ejemplo.

EL AMOR

A todo lo que ya hemos anotado agréguele la porción mágica del amor. ¿Pero qué es el amor? Es una palabra muy corta pero difícil de definir porque puede significar muchas cosas, pero existe una realidad sobre el "amor", es el sentimiento más grande que Dios ha puesto en nuestros corazones; la máxima del amor es que en la vida es mejor dar que recibir.

Entonces hagamos una reflexión: ¿Qué prefiere en su vida: dar o recibir? El día que los seres humanos entendamos que en la vida es mejor dar que recibir sin esperar nada a cambio, aprenderemos a encontrar el verdadero sentido de la vida. Al dar sin esperar nada a cambio, siempre se recibirá un premio de la naturaleza: lo mejor de los demás. Esto ocurre porque la naturaleza es sabia y te devuelve lo que has dado; entonces, ¿Por qué no damos lo mejor de nosotros para beneficio de los demás? Empieza por dar lo mejor a tu propia vida, tú te lo mereces, tu autoestima siempre debe estar alta, debes quererte, respetarte, cuidarte, tú te lo mereces, da lo mejor de ti a tu familia, ellos se lo merecen, son tu primer entorno, da lo mejor de ti a tu colegio, a tus estudiantes, da lo mejor a tu universidad, da lo mejor de ti a tu empresa que también merece ese afecto, da lo mejor de ti a la sociedad, ella se lo merece porque nos pertenece.

Etimológicamente la palabra **amor** tiene el siguiente significado: La **A** es una negación que significa sin y **MOR** proviene del latín, mortis, que significa muerte, lo que entonces es **sin muerte** y lo contrario de la muerte es la vida, es decir, si tienes amor es porque tienes vida y Dios es amor.

El Amor

(Autocalifíquese de 1 a 10)

	Puntos
1. ¿Se considera usted, una persona con amor en su vida?	
2. ¿Le gusta dar sin esperar nada a cambio?	
3. ¿Tiene usted amor hacia sus semejantes?	
4. ¿Paga el mal con acción buena?	
5. ¿Se ama usted lo suficiente?	
6. ¿Ama y respeta su familia?	
7. ¿Ama y respeta la naturaleza?	
8. ¿Ama y respeta lo que hace?	
9. ¿Está comprometido como ciudadano en dar lo mejor a su país?	
10.¿Está usted convencido que con amor mejoramos la convivencia?	
TOTAL PUNTOS	

RESULTADOS

0 a 50	**Muy mal**	
51 a 60	**Mal**	
61 a 70	**Regular**	
71 a 80	**Bien**	
81 a 90	**Muy bien**	
91 a 100	**Excelente**	

LA FE

1. ¿Qué significa para usted la fe?

2. ¿Se considera usted una persona que tiene fe? ¿Por qué?

3. ¿Cree usted que tener fe es importante en su vida? ¿Por qué?

SOY UN HOMBRE DE FE

Ritmo: Paseo vallenato
Autor: Hugo I. Tapias M.

I

Yo soy un hombre de fe,
y eso se lo debo a Dios,
aprendí a confiar en Él,
un padre lleno de amor.

II

Por eso yo no me preocupo
de los problemas que yo tengo,
busco siempre las soluciones,
Dios es mi guía y me sostengo.
(Coro)

III

Aprende a confiar en Dios,
que te demuestra su amor,
es un milagro la vida
te la dio nuestro señor.

IV

No importa las dificultades
que enfrente en la vida diaria,
aprenderás de tus errores veras
como la vida cambia. (Coro)

V

Yo le doy gracias a Dios,
siempre cuando me despierto,
mi padre nuestro señor
es lo más lindo que yo tengo.

VI

Por eso tengo la certeza,
que siempre triunfaré en la vida,
porque el Señor me respalda,
yo soy su hijo y el me cuida

LA FE

¿Pero qué es la fe?

"Es la certeza de lo que se espera y la convicción de lo que no se ve" (Hebreos 11:1). Encontramos en esa definición bíblica, por demás muy profunda, dos palabras claves: certeza y convicción.

Por eso dice la palabra de Dios en la Biblia: "Todo aquel que tuviese fe como un grano de mostaza, podrá mover montañas". Eso es así cuando:

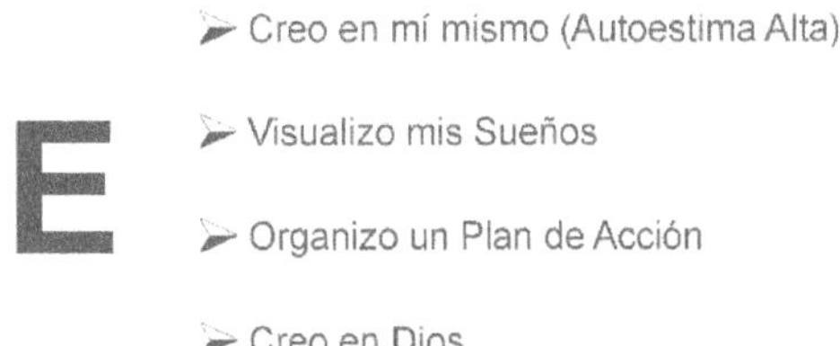

CREO EN MÍ MISMO.

Yo tengo que comenzar por creer en mí mismo o ¿acaso cree usted que si yo no creo en mí los demás van a creer en mí? Tenga la certeza, la convicción, la seguridad, que usted es un ser humano extraordinario, está en este planeta para ser feliz, exitoso en todas las áreas de la vida ¿o acaso lo duda? No dude, crea, usted tiene que comenzar por transformar los pensamientos negativos, de inseguridad o duda en pensamientos positivos, la mente humana es el más maravilloso de todos los computadores, usted es el único que alimenta la información de su disco duro con sus pensamientos. Lo fácil o difícil lo determina usted mismo, todo lo que tiene que hacer es comenzar por cambiar los malos hábitos de pensamientos negativos como: no puedo, es difícil, yo ya no cambio, es que yo soy así, por pensamientos positivos, afirmativos como: sí puedo, soy un ser humano maravilloso, lo

lograré, Dios me ama. No mire hacia el pasado, lo pasado, pasado es, mire hacia delante, valore el ahora, eso determinará su futuro.

VISUALIZO MIS SUEÑOS: HAGAMOS ALGUNAS REFLEXIONES

¿Qué es lo que quiero en mi vida?

¿Por qué lo quiero?

¿Cómo lo puedo conseguir?

Tenga presente lo siguiente: yo soy lo que pienso, lo que creo, el poder está dentro de mí, todo es posible en la vida, tengo que comenzar por **construir** sueños positivos en mi mente; Hago énfasis en la palabra **construir** porque las cosas no se dan al azar, todo comienza con una idea que nace de un pensamiento.

¿Qué es lo que quiero para mí en la vida? Pídele al Universo lo que usted quiere y el Universo se lo concederá, ¿o es que usted cree acaso que no se merece lo mejor? Tenga la seguridad que usted se merece lo mejor, por eso debe visualizar sueños positivos, me merezco el mejor trabajo, el mejor viaje; de esa manera, usted programa su mente para lo positivo y trabaja por conseguir lo que desea.

¿Por qué lo quiero? ¿Me lo merezco? Sí, yo soy un ser humano extraordinario, único en el universo y ese mismo universo complace mis deseos o sueños.

¿Cómo lo puedo conseguir? Creyendo, trabajando, la fe es creer sin ninguna clase de duda, tengo que además trabajar incansablemente para conseguir lo que quiero sin importar los obstáculos que encuentre en mi camino. ¡Adelante! ¡Tú puedes!

El Amor

(Autocalifíquese de 1 a 10)

		Puntos
1	¿Realmente se considera una persona de fe?	
2	¿Cree usted que tener fe puede mejorar su calidad de vida?	
3	¿Cree usted que tener fe, lo ayudará a triunfar?	
4	¿Es para usted la fe un valor importante en su vida?	
5	¿Tiene certeza, convicción en lo que usted hace?	
6	¿Cree, sin ver?	
7	¿Asume retos en la vida porque tiene fe?	
8	¿Es usted una persona de fe absoluta?	
9	¿Cree usted que con fe podemos mejorar la convivencia?	
10	¿Tiene la certeza que podemos cambiar este país positivamente?	
	TOTAL PUNTOS	

RESULTADOS

0 A 50	Muy mal	
51 A 60	Mal	
61 A 70	Regular	
71 A 80	Bien	
81 A 90	Muy bien	
91 A 100	Excelente	

Training For Life
Entrenamiento Para La Vida

La fe es un Valor
que me da la certeza
de creer en lo
que estoy viendo,
la seguridad que puedo
lograr mis objetivos,
aunque caiga muchas veces
no lo dudo
en ningún momento.

EL PERDÓN

1- ¿Cómo definiría usted el perdón?

2- ¿Cree usted que si perdonamos nos liberamos de una carga emocional negativas? ¿por qué?

3- ¿De qué forma demostraría usted que es capaz de perdonar?

TRAINING FOR LIFE
ENTRENAMIENTO PARA LA VIDA

APRENDER A PERDONAR,
ES LA CAPACIDAD
QUE TENEMOS LOS HUMANOS
DE SACAR TODO RENCOR
DE LO MÁS PROFUNDO
DE NUESTRA ALMA Y CORAZÓN,
LLEVÁNDONOS A TENER
PAZ INTERIOR.

EL PERDÓN

¿Qué es el perdón? Es la capacidad que tenemos las personas de liberarnos de todo tipo de rencor, odio, molestia, que sentimos hacia los demás. El perdón es un sentimiento positivo que mejora nuestra salud, nuestra vida, nuestra autoestima; el perdón es una cualidad que deberíamos tener siempre como seres racionales, porque mejora nuestra estabilidad emocional generando seguridad.

Estudios científicos han comprobado que una persona que es capaz de perdonar sinceramente, se libera de "energía negativa" que biológicamente permite un mejor funcionamiento de nuestro organismo, generando paz interior lo que nos da la oportunidad de mejorar nuestra salud mental, nuestra vida, nuestras posibilidades de ser feliz. El perdón nos permite tener un corazón limpio y puro como le gustaría a Dios que fueran nuestros sentimientos hacia nuestros semejantes. Por lo tanto, si perdonamos sinceramente:

- Aceptamos el error de la otra persona con humildad y comprensión.
- Crecemos interiormente, porque aceptamos que todos nos equivocamos en alguna ocasión.
- Evitamos resentimientos, rencores que hacen mucho daño a nuestra estabilidad emocional y crecimiento espiritual.
- Encontramos la felicidad y la comprensión.
- Damos el ejemplo más grande que nos dejó Jesucristo para la salvación de la humanidad.

El Perdón

Autoevaluación

(Autocalifíquese de 1 a 10)

	Puntos
1. ¿Sabe perdonar totalmente?	
2. ¿Se considera usted capaz de eliminar todo resentimiento de su corazón?	
3. ¿Es capaz de perdonar sin exigir nada a cambio?	
4. ¿Cuándo perdona sabe olvidar totalmente?	
5. ¿Es capaz de perdonar más de una vez a la misma persona?	
6. ¿Se considera usted una persona misericordiosa?	
7. ¿Sabe reconocer con humildad cuando se equivoca?	
8. ¿Es capaz de amar a su prójimo con la misma intensidad, aunque haya sido ofendido?	
9. ¿Se libera fácilmente de las cargas de su corazón cuando perdona?	
10.¿Es capaz de borrar todo rencor de su corazón y ser feliz?	
	TOTAL PUNTOS

RESULTADOS

0 A **50**	**Muy mal**	
51 A **60**	**Mal**	
61 A **70**	**Regular**	
71 A **80**	**Bien**	
81 A **90**	**Muy bien**	
91 A **100**	**Excelente**	

HUMILDAD

1. ¿Qué significa para usted ser humilde?

2. ¿Se considera usted una persona humilde? ¿Por qué?

3. ¿Considera que la humildad es un valor o norma que nos ayuda a mejorar la convivencia? ¿Por qué?

Training For Life
Entrenamiento Para La Vida

Ser humilde
me da la capacidad
de reconocer
mis errores,
rectificar
y seguir adelante
sirviendo
a mis semejantes.

¿Qué es la humildad?

La humildad es la capacidad que tenemos las personas de reconocer nuestras debilidades, nuestros errores, para convertirlos en fortaleza y ser mejores ciudadanos. "Bienaventurados los pobres de espíritu, de ellos será el reino de los cielos" (Mateo 5:3) La Biblia, como libro muy sabio, nos comparte esta palabra, ¿acaso las entendemos? La Biblia que tiene raíces en el arameo, también el griego, con esta reflexión nos está diciendo que dichoso aquel que es capaz de reconocer sus errores porque Dios lo bendice grandemente. Muchas veces somos caprichosos, engreídos, soberbios, creemos que sabemos todo y no somos capaces de aceptar nuestras fallas o errores en nuestra vida diaria complicando todo en nuestro entorno, desmejorando la convivencia por la falta de este valor importantísimo en nuestras vidas, como es la humildad.

Todos los valores son importantes, por eso se llaman valores; pero, hoy quiero invitarlos a comenzar la transformación de nuestras vidas con la humildad como valor bandera. Esto nos permitirá comenzar a escribir paginas positivas en nuestras vidas que nos permita tener una convivencia pacífica e inteligente en nuestra familia, los colegios, las universidades, las empresas y la sociedad en general. Todos estamos en un proceso de mejoramiento continuo y todos los días aprendemos algo nuevo como: aprender a ser mejores personas, mejores ciudadanos, capaces de reconocer nuestra fallas y debilidades para convertirlas en fortaleza. En consecuencia comenzaremos a hacer de nosotros los seres humanos más maravillosos del universo, aceptando a nuestros semejantes tal y como son, porque cada ser humano que contactemos muchas cosas nos puede enseñar. Necesitamos convivir en nuestra sociedad en paz y en armonía.

La Humildad
Autoevaluación
(Autocalifíquese de 1 a 10)

	Puntos
1. ¿Se considera usted una persona humilde?	
2. ¿Es consciente que siendo humilde, puede ayudar a mejorar la convivencia?	
3. ¿Acepta con facilidad sus errores?	
4. ¿Le pide con facilidad perdón a sus semejantes cuando comete un error?	
5. ¿Es capaz de perdonar con facilidad?	
6. ¿Tiene la convicción absoluta que siendo humilde puede mejorar su calidad de vida y la de su entorno?	
7. ¿Se considera usted una persona humilde en todos los escenarios?	
8. ¿Considera que la humildad es un valor importante para mejorar la convivencia?	
9. ¿Está usted dispuesto a demostrar humildad en todos los escenarios de su vida?	
10. ¿Es usted una persona dispuesta a cambiar su vida positivamente?	
TOTAL PUNTOS	

RESULTADOS

0 a 50	Muy mal	
51 a 60	Mal	
61 a 70	Regular	
71 a 80	Bien	
81 a 90	Muy bien	
91 a 100	Excelente	

CAPÍTULO II
PROYECTO DE VIDA

- ¿Qué es la vida?
- ¿Cómo aprender a ser perseverante en la vida?
- ¿Cómo aprender a tener un norte?

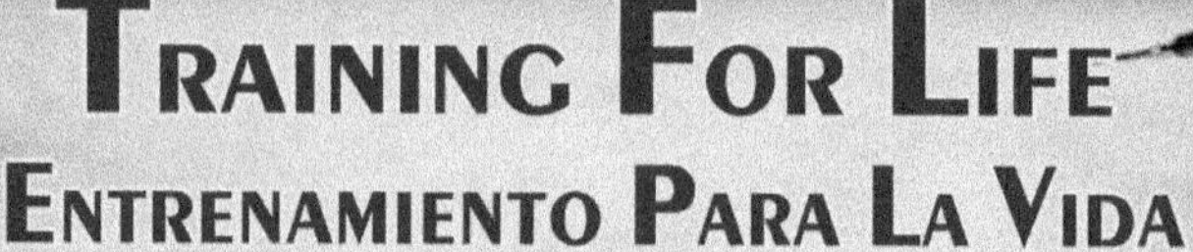

TRAINING FOR LIFE
ENTRENAMIENTO PARA LA VIDA

La vida
es el regalo,
el milagro,
la oportunidad,
la mejor opción
de vivir siempre
agradecidos con
nuestro creador.

EL VALOR A LA VIDA

1- ¿Qué es la vida para usted?

2- ¿Cómo definiría usted su vida?

3- ¿Qué aportaría usted a su vida y la de sus semejantes para mejorar su calidad de existencia?

CANTO A LA VIDA

Autor: Hugo I. Tapias M.
(Merengue)

I

Amigos vengo a contarles algo que me pasa a mí,
que soy un hombre contento y vivo siempre muy feliz. (bis)
yo vivo con alegría, yo vivo con entusiasmo,
valoro mucho la vida, la vivo con mucho agrado.

II

La vida es maravillosa, la vida es extraordinaria,
la vida siempre es sabrosa, la vida a mí me amaña (coro)

III

Con actitud positiva, con actitud luchadora,
con mucha fe y esperanza los retos enfrentan ahora.
agradecido con Dios me levanto cada día,
a Él gracias yo le doy por vivir un nuevo día.

IV

No importa que en el camino encuentres dificultades,
en las buenas y en las malas, mantén mente ganadora.
aprende a vivir la vida, un regalo de mi Dios,
un privilegio muy grande, que no se repiten dos.

EL VALOR DE LA VIDA

Los seres humanos a veces ignoramos que el milagro más maravilloso de toda la existencia es la vida, vivimos a veces por inercia. Así, nos levantamos porque nos tenemos que levantar, caminamos porque tenemos que caminar, nos alimentamos porque nos tenemos que alimentar, respiramos porque tenemos que respirar. Pero, ¿Se ha detenido a pensar que cada una de las cosas que usted hace es un verdadero milagro de Dios y la naturaleza? El cuerpo humano es la máquina más perfecta de la creación, nada podrá superarlo, usted y yo somos el milagro más grande del universo; entonces, vale la pena que valoremos la vida, lo más extraordinario que existe.

La vida es un privilegio, el solo hecho de poder despertar, escuchar el trinar de los pajaritos, ver un nuevo amanecer ya es un milagro; el sólo hecho de poder pensar, racionalizar las situaciones, resolver los problemas que parecían imposibles de solucionar es un milagro, el sólo hecho de poder caminar usando el vehículo más maravilloso de todos: mis piernas, es un milagro. El sólo hecho de abrazar a nuestros seres queridos y amigos es un milagro, porque nuestros brazos son para amar, el sólo hecho de decir a todos: te amo, es un milagro, el sólo hecho de disfrutar un día de sol o una noche estrellada es un milagro.

Pero ¿Qué nos pasa a los seres humanos? No valoramos, ni dimensionamos el valor de la vida. La vida es lo más espectacular que nos puede haber ocurrido, el sólo hecho de estar compartiendo espacio en este maravilloso paraíso que se llama tierra, es una bendición de Nuestro Creador para que disfrutemos de todas las riquezas y maravillas que Él creó para nosotros. Valoremos la vida, el regalo más grande de Dios.

LA VIDA
Autoevaluación
(Autocalifíquese de 1 a 10)

	Puntos
1. ¿Valora usted su vida?	
2. ¿Es para usted su vida un valor importante?	
3. ¿Cuidar su vida mejora su calidad de vida?	
4. ¿Cuidar su vida es para usted un buen ejemplo?	
5. ¿Cuida su vida comiendo en forma saludable?	
6. ¿Cuida su vida evitando el sedentarismo?	
7. ¿Es alta su autoestima?	
8. ¿Es su vida positiva?	
9. ¿Considera su vida un privilegio?	
10 ¿Se considera un milagro de la naturaleza?	
TOTAL PUNTOS	

RESULTADOS 

0 a 50	Muy mal	
51 a 60	Mal	
61 a 70	Regular	
71 a 80	Bien	
81 a 90	Muy bien	
91 a 100	Excelente	

SER PERSEVERANTE

1. ¿Qué significa para usted ser perseverante?

2. ¿Se considera usted una persona perseverante? ¿Por qué?

3. ¿Cree usted que siendo perseverante puede mejorar su calidad de vida?

Y UN LUCHADOR

Autor: Hugo Tapias
Merengue

I.

Yo soy un luchador y tengo que vencer,
las dificultades porque soy hijo de un Rey,
con la ayuda de Dios, yo sé que alcanzaré
la cima más alta y no me detendré (bis).

II.

Lucho por construir mis sueños y objetivos,
voy a perseverar, seguiré mi camino (bis).
hay motivos muy grandes para luchar con ganas,
mis hijos, mi familia, la sociedad y la vida.

III.

Trabajo fuertemente, no me doy por vencido,
lucho fervientemente porque ese es mi destino.
sé que voy a vencer, no lo dudo un momento,
porque tengo mucha fe y siempre vivo contento (bis).

IV.

Me gustan las cosas grandes, porque soy un ganador,
me gustan las cosas buenas y quiero lo mejor (bis).
yo soy un luchador, le doy gracias a Dios,
me da sabiduría, yo tomo la decisión.

V.

Luchador, soy un luchador
sé que voy a vencer,
luchador, soy un luchador y tengo mucha fe. (coro)

118

Ser perseverante

"El que persevera alcanza"

¿Qué significa ser perseverante? Es la capacidad de lucha que tienen las personas que no les permite darse por vencidas aunque los obstáculos persistan, las que se levantan mil veces si les toca pero siguen adelante las que saben que hay una luz detrás del túnel; las que no se dejan vencer por la adversidad; las que creen en sus proyectos y siguen adelante; las que creen que detrás de una derrota viene una experiencia maravillosa que nos da madurez para actuar con sabiduría en la vida; las que saben que el éxito está cerca. Sin embargo, hay que saber aceptar las inclemencias de las dificultades para saber recibir con beneplácito los beneficios de la gloria.

La realidad de la vida nos muestra que para lograr nuestras metas o sueños en nuestra vida enfrentamos obstáculos, problemas, inconvenientes o como usted quiera llamarlos, pero se presentan. Está prohibido desmotivarse, o dejar de soñar, o dejar de anhelar en nuestra vida. Tenemos que superar esos obstáculos, seguir sin desmotivarnos, con entusiasmo, con alegría, con mucho positivismo venceremos.

El Apóstol Pablo menciona en la Biblia: "Hay que aprender a vivir en las dificultades y la pobreza, para aprender a vivir en la abundancia y la riqueza". Si los problemas u obstáculos en la vida no existieran, entonces ¿cómo aprenderemos de la vida? Los obstáculos que aprendemos a superar en la vida cotidiana son lecciones de vida que nos permiten crecer como seres humanos desde nuestro interior.

Para nosotros, como buenos ciudadanos, las caídas nos dan:

Lo importante es aprovechar la adversidad para aprender interiormente a manejar mis emociones manteniendo un equilibrio hacia lo positivo, llevando armonía a mi vida. ¡Adelante! Sigue la lucha por tus ideales. ¡Tú puedes! Ten presente algo: eres la criatura más maravillosa que existe en el universo, estás en este planeta con un propósito maravilloso de nuestro Padre Celestial: "VIVIR FELIZ Y TRIUNFANTE".

Dios te ama, eres su hijo predilecto, nunca te des por vencido, tú puedes, levántate, vence esos obstáculos en tu camino; verás con alegría que esas dificultades son parte de la vida para aprender a ser unos verdaderos seres humanos positivos, capaces de vencer cualquier obstáculo o problemas por muy difícil que este parezca.

¡Yo puedo! Soy el ser más maravilloso de la tierra.

EL BAMBÚ JAPONÉS

El bambú japonés es el árbol más alto y fuerte del mundo, ninguna tempestad por muy difícil que esta parezca nunca lo tumbará; pero, este árbol tiene algo muy raro: los primeros siete años no crece más de 30 centímetros, es sólo a partir del séptimo año que comienza a crecer convirtiéndose en el árbol más alto y en el más

fuerte del mundo. Pero ¿Qué hizo este árbol durante esos primeros siete años? Crecer. ¿Hacia dónde creció? Hacia abajo. Creció tan fuerte que por eso nunca ninguna tempestad lo puede tumbar por muy fuerte que sea, porque echó raíces muy profundas que lo mantienen siempre de pie.

Entonces, los seres humanos positivos, manejando la inteligencia emocional, la próxima vez que tengamos una caída en la vida nunca, pero nunca, vamos a decir lo que dicen los mediocres: fracasé, me fue mal, soy un salado. Los positivos solo confesamos palabras positivas; recuerda, la palabra tiene poder, tu calidad de vida depende de la calidad de tus pensamientos, entonces; ¿Si caigo en la vida qué debo decir? Tuve una experiencia, recuerda el bambú japonés, esa caída sólo es una raíz que te permite crecer en la vida hacia abajo. Prepárate en la vida porque tendrás muchas caídas, pero cada vez que tengas una de estas caídas, piensa: son experiencias, son como raíces que te están permitiendo crecer en la vida.

Tal vez te demores siete años para crecer en la vida, pero piensa; el día que yo comience a crecer en la vida, ninguna tempestad me tumbará porque yo estoy fuerte como el bambú japonés. En conclusión, analiza positivamente esas adversidades que nos generan conocimiento porque el conocimiento nos genera madurez y la madurez nos da la sabiduría para aprender a vivir en la vida.

Los seres humanos debemos aprender a ser pacientes, todo en la vida requiere de un proceso, cuando se es paciente se aprende a esperar sin desesperarnos, manteniendo ese equilibrio emocional que necesitamos, no importa los problemas que tengas, mantén una vida en equilibrio o con dominio propio. Parte de una realidad, matemáticamente todo problema tiene solución, la verdadera capacidad intelectual se demuestra buscándole la mejor solución a los problemas, la clave del éxito es: cuando tengas un problema, por muy difícil que este parezca, nunca te preocupes de los problemas, ocúpate de resolverlos. Jamás te fijes en los problemas, fíjate en la solución, mantén siempre una actitud positiva, con dominio propio y se paciente y mantendrás equilibrio en el manejo de tus emociones.

Ser Perseverante
Autoevaluación
(Autocalifíquese de 1 a 10)

	Puntos
1. ¿Se considera usted una persona perseverante?	
2. ¿Es positivo cuando tiene una caída?	
3. ¿Aprende fácilmente de sus caídas?	
4. ¿Persiste a pesar de sus caídas?	
5 ¿Es capaz de auto motivarse cuando hay obstáculos en su camino?	
6. ¿Es de los que mira la luz detrás del túnel?	
7. ¿Asimila los fracasos como experiencias en su vida?	
8. ¿Lucha incansablemente por lograr sus metas?	
9. ¿Se levanta con facilidad cuando tiene una caída?	
10 ¿Es consciente de lo que significa perseverar?	
TOTAL PUNTOS	

RESULTADOS

0 A 50	Muy mal	
51 A 60	Mal	
61 A 70	Regular	
71 A 80	Bien	
81 A 90	Muy bien	
91 A 100	Excelente	

UN NORTE

Si ya estoy aprendiendo a crecer de adentro hacia fuera con valores como la fe, la lógica, el positivismo, el entusiasmo, la inteligencia emocional, la perseverancia, ahora miremos hacia fuera, ¿Cuál es mi norte en la vida? ¿Hacia dónde voy? ¿Cuáles son mis metas a corto, mediano y largo plazo? ¿Cómo voy a lograr mis objetivos en la vida? El tener un "norte" significa saber hacia dónde vamos en la vida, el que no sabe para dónde va, cualquier bus le sirve; también se dice que el que no sabe para dónde va, ya está perdido. Tener un norte es como cargar una brújula, sabemos que este aparato que, normalmente usan los navegantes, indica hacia dónde vamos, definitivamente sabemos cuál es nuestro norte.

Pero analicemos algunos aspectos importantes para tener un norte efectivo en la vida que nos ayude a lograr nuestros objetivos.

¿Visualice sus sueños.

Una cosa son mis motivaciones y otra mis sueños. Yo, como ser humano racional e inteligente estoy en la capacidad de "construir" mis sueños. Sí, y construir mis sueños es cuando yo empiezo a definir: ¿Qué es lo que quiero? ¿Cómo lo consigo? ¿Por qué lo quiero? Así empiezo a definir cuáles son mis metas a corto, mediano y largo plazo; yo no debo dejar nada, nada, absolutamente nada al azar. Ejemplo: Escribo mis metas a corto plazo (6 meses – 1 año)

Económico _____________	Académico _________________
Familiar _______________	Social ____________________
Salud ________________	Afectivo __________________
Espiritual _____________	Laboral ___________________

Ahora estas metas integrales que estoy cualificando con un espacio y tiempo determinado, donde puedo agregar otros ítems que yo considere importantes, los puedo hacer a mediano plazo entre 2 y 5 años y largo plazo de 7 a 10 años; el poder identificar estas

metas integrales es lo que me permite empezar a construir mis sueños.

COMPROMISO

Para lograr mis metas debo asumir un compromiso conmigo, las cosas se hacen o se hacen. Cuando asumo un compromiso no hay excusa, no importa las dificultades o problemas que tenga en la vida. Mi compromiso con mi vida es auto motivarme para construir mis proyectos de vida.

CAPÍTULO III
LA DISCIPLINA ES MEJOR QUE LA INTELIGENCIA

Contenido

1. ¿Qué es la disciplina?

2. ¿Qué es la inteligencia?

3. ¿Cómo aprender a respetar las reglas en la sociedad?

4. ¿Cómo aprender a ser puntuales y valorar el tiempo?

5. ¿Cómo aprender a ser organizados?

TRAINING FOR LIFE
ENTRENAMIENTO PARA LA VIDA

Ser disciplinado
es la capacidad que tengo
como persona
de desarrollar una serie
de hábitos positivos
que me permitirán
ser puntual, organizado
y comprometido
con los cambios
positivos.

LA DISCIPLINA

1. ¿Qué significa para usted la disciplina?

2. ¿Se considera usted una persona disciplinada? ¿Por qué?

3. ¿Considera que una persona disciplinada mejora su calidad de vida? ¿Por qué?

TRAINING FOR LIFE
ENTRENAMIENTO PARA LA VIDA

SER disciplinado
es un estilo
de vida positivo,
que me permitirá
abrir las puertas
del éxito
y la felicidad.

¿Qué es la disciplina?

La disciplina es la capacidad que tenemos los seres humanos inteligentes de desarrollar una serie de hábitos positivos que me llevan a tener éxito, felicidad, me llevan a la plenitud como persona. Tengamos presente que el éxito y la felicidad se consigue porque nos preparamos, no llega por azar o casualidad, es el resultado de aprender a desarrollar una serie de hábitos positivos que nos abre las puertas a la realización personal.

En nuestra cultura latinoamericana hemos desarrollado una serie de hábitos negativos que nos llevan a la mediocridad. Por lo tanto, debemos cambiar paradigmas, aprender a ser disciplinados. Así, vemos el ejemplo de los orientales quienes son extremadamente disciplinados, por eso su lema: **"La Disciplina es mejor que la inteligencia"**

Lo que se requiere para ser disciplinados es la voluntad, para incorporar a nuestro estilo de vida una serie de valores positivos que nos llevarán a la cúspide, a la cima más alta; pero, con sacrificio, con inteligencia, con decisión, con determinación. Es luchar sin descanso por lo que se quiere: el éxito, la felicidad, la plenitud personal y familiar; es disfrutar de todas las cosas maravillosas que nuestro Padre Celestial ha puesto a nuestra disposición en este maravilloso paraíso que se llama tierra.

La Disciplina

Autoevalúese

(Autocalifíquese de 1 a 10)

	Puntos
1. ¿Se considera usted una persona disciplinada?	
2. ¿Es consciente, que siendo disciplinado puede mejorar su calidad de vida?	
3. ¿Acepta con facilidad reglas en su vida?	
4. ¿Acepta retos en su vida?	
5. ¿Tiene voluntad para generar cambios positivos en su vida?	
6. ¿Tiene la convicción absoluta, que siendo disciplinado puede mejorar su calidad de vida y la de su entorno?	
7. ¿Se considera usted una persona de hábitos positivos?	
8. ¿Considera usted que la disciplina es mejor que la inteligencia?	
9. ¿Está usted dispuesto a partir de hoy a ser disciplinados en todos los escenarios de su vida?	
10. ¿Está usted dispuesto a incorporar a su estilo de vida la disciplina como valor importante para ser feliz y exitoso?	
TOTAL PUNTOS	

RESULTADOS

0	A **50**	**Muy mal**	
51	A **60**	**Mal**	
61	A **70**	**Regular**	
71	A **80**	**Bien**	
81	A **90**	**Muy bien**	
91	A **100**	**Excelente**	

LA INTELIGENCIA

¿Cómo definiría usted ser inteligente?

¿Se considera usted una persona inteligente? ¿Por qué?

¿Cree usted que desarrollando nuestra inteligencia mejoramos nuestra calidad de vida? ¿Por qué?

Training For Life
Entrenamiento Para La Vida

Ser inteligente
es demostrar
con mis acciones
que soy
un ser racional,
que pienso,
que sirvo
y que respeto.

La Inteligencia

¿Qué es la inteligencia? Es la capacidad que tenemos los seres humanos de aprender a pensar; aprender a tomar decisiones sabias; aprender a procesar la información que recibimos en nuestro cerebro para elegir las mejores opciones de vida; es aprender a demostrar que somos seres racionales; es aprender a tomarnos el tiempo prudente para elegir las mejores opciones para nuestra vida; es aprender a reconocer que somos las criaturas más maravillosas del universo elegidas por el Creador para vivir felices; en este maravilloso paraíso que se llama tierra y sirviéndoles a nuestros semejantes.

El verdadero secreto del éxito es que las personas aprendamos a ser inteligentes. Muchas veces primero actuamos y luego pensamos; decimos: somos los únicos animales de la tierra con capacidad de raciocinio, lamentablemente nuestro comportamiento irracional nos demuestra todo lo contrario: actuamos, pero no pensamos. Nuestro cerebro requiere entrenamiento; entonces, debemos aprender a pensar, a procesar la información en ese maravilloso computador que es nuestro cerebro. Es demostrarnos a nosotros mismo que somos inteligentes, no es decir soy inteligente; eso se demuestra con acciones positivas y con hechos para comprobar que soy un ser elegido por el Creador para ser inteligente.

La Inteligencia
Autoevalúese
(Autocalifíquese de 1 a 10)135

	Puntos
1. ¿Realmente se considera usted una persona inteligente?	
2. ¿Ejercita su cerebro para aprender a pensar?	
3. ¿Piensa antes de actuar?	
4. ¿Sus acciones en la vida son positivas?	
5. ¿Es prudente al momento de tomar decisiones?	
6. ¿Realmente controla sus emociones?	
7. ¿Sabe procesar en su cerebro toda la información que recibe?	
8. ¿Se considera realmente una persona ecuánime?	
9. ¿Sabe usar el libre albedrío de forma positiva?	
10. ¿Es consciente de lo que significa aprender a pensar?	
	TOTAL PUNTOS

RESULTADOS

0 A 50	Muy mal	
51 A 60	Mal	
61 A 70	Regular	
71 A 80	Bien	
81 A 90	Muy bien	
91 A 100	Excelente	

LAS REGLAS EN LA SOCIEDAD

1. ¿Qué significa para usted las reglas en la sociedad?

2. ¿Usted cree que si respetamos las reglas mejoramos nuestra cultura ciudadana? ¿Por qué?

3.¿Qué compromiso asume a partir de hoy, para respetar las reglas y mejorar nuestro estilo de vida?

TRAINING FOR LIFE
ENTRENAMIENTO PARA LA VIDA

Las reglas
son una oportunidad
para aprender
a ser disciplinados,
ordenados, de retos
y de compromisos
para asumir
responsabilidades
en nuestras vidas.

LAS REGLAS EN LA SOCIEDAD

¿Son buenas las reglas, normas o valores para mejorar la disciplina? Claro que sí. Una sociedad sin reglas se convierte en una anarquía donde, cada quien, hace lo que le parece perdiendo todo el sentido de la convivencia; se hace indispensable que entendamos como seres inteligentes que es mejor vivir con reglas o normas de comportamiento que sin estas. En un partido de fútbol, aparte de los jugadores en la cancha están los árbitros, recodándole a los jugadores el fair play que pregona la FIFA, o el juego limpio, aspecto que implica el respeto por las reglas de juego en el futbol. El árbitro central es la máxima autoridad en la cancha y todos los jugadores deben respetar su autoridad de lo contrario pueden ser expulsados del partido. Hay reglas en la familia para lograr una buena convivencia entre los miembros que la conforman, también en los colegios y universidades aceptando y vivenciando los manuales de convivencia; en las empresas cumpliendo con el manual de funciones y el reglamento interno de trabajo y, por supuesto, en el conjunto de la vida en sociedad respetando las normas legales y a la autoridad. La sociedad necesita seres humanos con valores y principios, que sepan acatar las normas de convivencia para construir una sociedad en paz, en armonía, respetándonos unos a otros. La sociedad necesita excelentes ciudadanos que sepan interpretar el sentir de sus semejantes y el de las autoridades, para aprender a entender que es mejor vivir en paz que en una condición de violencia permanente. Hágase las siguientes reflexiones: ¿Vale la pena acatar las reglas de la sociedad para mejorar la convivencia? ¿Será mejor vivir con reglas o sin reglas?

Las reglas en la sociedad

Autoevaluación

(Autocalifíquese de 1 a 10)

		Puntos
1.	¿Se considera usted una persona que acepta las reglas?	
2.	¿Es consciente que aceptando las reglas de la sociedad puede mejorar su disciplina?	
3.	¿Es usted un ciudadano que respeta las autoridades?	
4.	¿Reconoce con humildad a las autoridades que lo representan?	
5.	¿Es un ciudadano que reconoce que las reglas son fronteras?	
6.	¿Tiene la convicción absoluta que las reglas son buenas?	
7.	¿Le gusta como ciudadano de bien cumplir con los retos de la vida?	
8.	¿Considera usted que las reglas o normas son buenas en todo escenario?	
9.	¿Se considera usted un ciudadano ejemplar dentro de la sociedad?	
10.	¿Es usted capaz de aceptar las reglas o normas, o retos para ser disciplinados?	
	TOTAL PUNTOS	

RESULTADOS

0 A **50**	**Muy mal**	
51 A **60**	**Mal**	
61 A **70**	**Regular**	
71 A **80**	**Bien**	
81 A **90**	**Muy bien**	
91 A **100**	**Excelente**	

La Puntualidad y el tiempo

1. ¿Cómo definiría usted la puntualidad? ¿Valora su tiempo?

1- ¿Se considera usted una persona puntual? ¿Por qué?

2- ¿Respeta su tiempo y el de los otros? ¿Por qué?

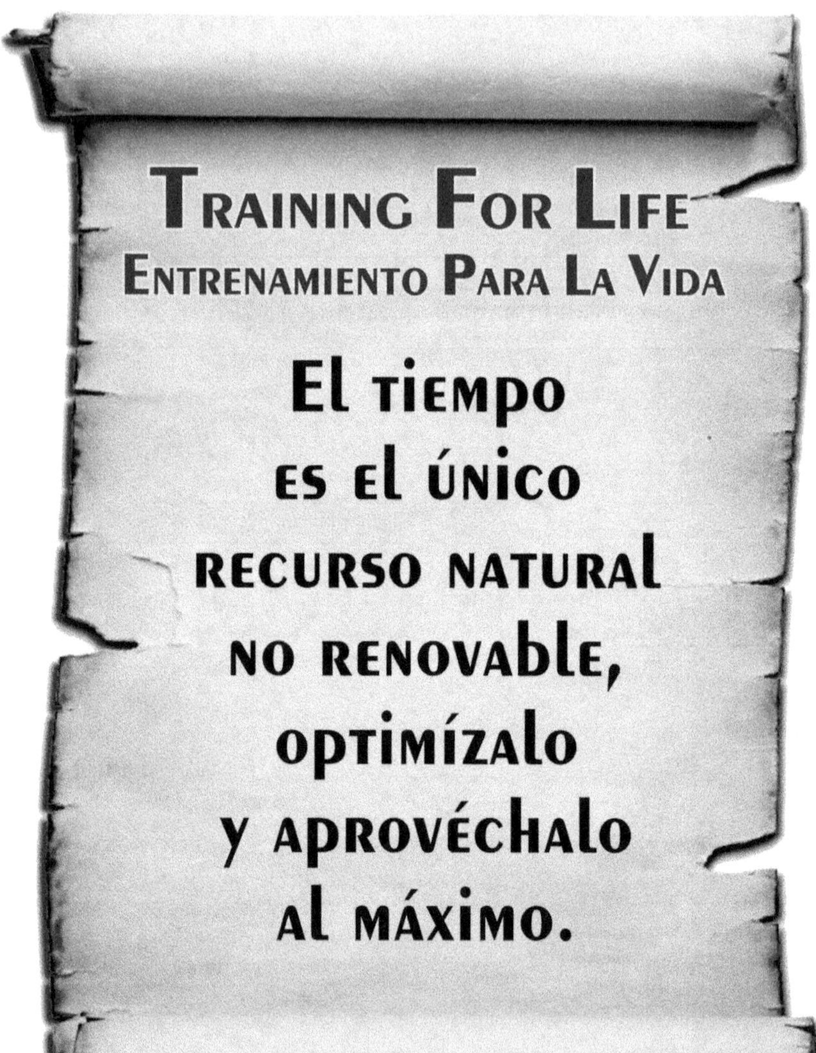

TRAINING FOR LIFE
ENTRENAMIENTO PARA LA VIDA
El tiempo
es el único
recurso natural
no renovable,
optimízalo
y aprovéchalo
al máximo.

LA PUNTUALIDAD, EL TIEMPO

La puntualidad es la capacidad que tenemos las personas de aprender a respetar nuestro tiempo y el de los demás, asumir retos, cumplirlos, aprender a reconocer que el tiempo es oro, que es el único recurso natural no renovable, debemos aprender a optimizar nuestro espacio, nuestro tiempo, para lograr ser eficientes en nuestra vida cotidiana.

EL TIEMPO, ÚNICO RECURSO NATURAL NO RENOVABLE

Todo, absolutamente todo tiene un inicio y un fin en la voluntad del Creador. Hemos nacido en este paraíso llamado tierra con un propósito de Dios para aprovechar sus bondades. Una de estas bondades es cada minuto de vida que nos regala. así vemos que el promedio o expectativa de vida en la tierra es de 70 años, más o menos 600.000 horas. Se ha hecho usted esta pregunta: ¿Aprovecha eficientemente su tiempo para construir una mejor calidad de vida? La realidad nos muestra que los seres humanos perdemos mucho tiempo en cosas inútiles; si tenemos en cuenta que el tiempo es el único recurso natural no renovable; Entonces, el tiempo que perdamos jamás lo recuperaremos, ¿Cree usted que vale la pena aprovecharlo eficientemente? Si un día tiene 24 horas de los cuales 8 son para descansar, 4 para alimentarnos, 8 para trabajar y ser productivos, 2 horas para compartir con nuestros familiares, nos quedan todavía 2 horas diarias, ¿Se ha preguntado usted que hace en esas dos horas todos los días? ¿Las está aprovechando? ¿Estamos aprendiendo algo nuevo que nos ayude a mejorar nuestra calidad de vida? 2 horas diarias son 60 mensuales, 720 horas anuales en 70 años promedio sería 50.400 horas que serían 2.100 días, con esto son 6 años de su existencia que prácticamente echamos a la basura.

Deberíamos entender ese refrán popular que dice: "El tiempo es oro". Aprovecha tu tiempo como debe ser; a continuación algunas sugerencias:

- Aprovecha tu tiempo para construir.

- Aprovecha tu tiempo libre para tener hábitos positivos para crecer.
- Aprovecha tu tiempo para reír, para cantar, para vivir con alegría, para servir a tus semejantes, para disfrutar cada instante de tu existencia de todas las cosas maravillosas que creó Dios para nosotros.

Recuerda:

- El tiempo es el único recurso natural no renovable.
- Un tiempo bien utilizado genera ganancia. Si optimizas tu tiempo, optimizarás tu vida. Aprovéchalo y ganarás.
- El tiempo una dimensión infinita en la realidad.

SOBRE LA PUNTUALIDAD

- Me da imagen positiva.
- Me ayuda a optimizar el tiempo.
- Me permite respetar mi tiempo y el de los otros.
- Es un hábito que ayuda a mejorar mi disciplina.
- Es ganar tiempo.
- Es sinónimo de organización.
- Es ser un ganador.
- Significa llegar antes de tiempo.
- Es una decisión.
- Es una oportunidad.

La puntualidad y el tiempo

Autoevaluación

(Autocalifíquese de 1 a 10)

	Puntos
1. ¿Se considera usted una persona puntual?	
2. ¿Respeta su tiempo y el de los demás?	
3. ¿Tiene usted el hábito de cumplir los horarios?	
4. ¿Es usted consciente de lo que significa ser puntual?	
5. ¿Es para usted importante la puntualidad?	
6. ¿Es la puntualidad un reto para su vida?	
7. ¿Considera que ser puntual es importante para su vida?	
8. ¿Tiene usted responsabilidad para ser puntual?	
9. ¿Es un líder que enseña con el ejemplo?	
10. ¿Es la puntualidad un hábito positivo en su vida?	
TOTAL PUNTOS	

RESULTADOS 

0 A 50	Muy mal	
51 A 60	Mal	
61 A 70	Regular	
71 A 80	Bien	
81 A 90	Muy bien	
91 A 100	Excelente	

Training For Life
Entrenamiento Para La Vida

Ser puntual
me da la opción
de reconocer el valor
del tiempo,
de aprender
a ser cumplido,
valorando mi tiempo
y el de los demás.

La organización

1. ¿Cómo definiría usted la organización?

2. ¿Usted se considera una persona organizada? ¿Por qué?

3. ¿Si somos organizados mejoramos nuestra calidad de vida y la de mi entorno? ¿Por qué?

TRAINING FOR LIFE
ENTRENAMIENTO PARA LA VIDA

SER ORGANIZADO
ES UN ESTILO DE VIDA
QUE ME PERMITIRÁ
CRECER
CON DISCIPLINA
PARA MEJORAR
MI CALIDAD DE VIDA.

La Organización

Podríamos definir la organización como la capacidad que tenemos las personas de aprender a ser ordenados en nuestra vida personal, familiar, laboral y social. Es aprender a reconocer que siendo ordenados en nuestra vida cotidiana mejoramos nuestra calidad de vida optimizando nuestro tiempo y espacio.

Ser organizado nos permite:

- Nos genera orden.
- Nos ayuda optimizar el espacio y el tiempo.
- Nos permite ahorrar tiempo.
- Es un hábito que ayuda a mejorar nuestra disciplina.
- Es ganar tiempo.
- Es sinónimo de eficiencia.
- Es ser un ganador.
- Significa saber dónde están mis cosas.
- Es una decisión personal.
- Ser organizado es una oportunidad.

La planeación

Podríamos definir la planeación como la capacidad que tenemos las personas de priorizar el conjunto de nuestras actividades cotidianas, ya sean personales o laborales. Para planear debemos poner en orden de importancia las actividades que vamos a realizar, de esta manera optimizamos el tiempo y el espacio para lograr ser eficientes. Así entonces, la planeación nos permite:

- Optimizar el espacio.
- Optimizar el tiempo.
- Ser ordenados.
- Priorizar nuestras actividades.
- Mejorar como persona.
- Ser eficientes.

- Tener un estilo de vida positivo.
- Abrir las puertas de la felicidad.

Las acciones

¿Son buenas las acciones una vez planificadas? Claro que sí. Las acciones pueden definirse como la capacidad que tenemos las personas de ejecutar de forma inmediata una planeación. La planeación estratégica que no se ejecuta de forma efectiva es una acción negativa que no permite visualizar los progresos y medición de resultados de forma efectiva; la acción inmediata derivada de la ejecución de un plan de acción, son la mejor manera de medir resultados con estadísticas. Estas nos permitirán, en un momento determinado, corregir nuestro rumbo, si es necesario, la acción:

- Nos permite ejecutar de inmediato.
- Es la mejor opción.
- Nos permite medir resultados.
- Nos permite corregir rumbos.
- Es importante para encontrar la felicidad.
- Es la llave del éxito.
- Nos ayuda a ser disciplinados.
- Visualiza un norte positivo.
- Nos permite tener voluntad para ejecutar los proyectos.
- Es una oportunidad.

La organización
Autoevaluación
(Autocalifíquese de 1 a 10)

	Puntos
1. ¿Se considera usted una persona organizada?	
2. ¿Es organizado en su vida personal?	
3. ¿Tiene usted el hábito de ser organizado?	
4. ¿Es usted consciente de lo que significa planear?	
5. ¿Es la organización importante para usted?	
6. ¿Es la organización un reto para su vida?	
7. ¿Considera usted que planear es importante para su vida?	
8. ¿Tiene usted responsabilidad para ejecutar lo planeado?	
9. ¿Es un líder que enseña con el ejemplo?	
10. ¿Es la organización un hábito positivo en su vida?	
TOTAL PUNTOS	

RESULTADOS

0 A 50	Muy mal	
51 A 60	Mal	
61 A 70	Regular	
71 A 80	Bien	
81 A 90	Muy bien	
91 A 100	Excelente	

TRAINING FOR LIFE
ENTRENAMIENTO PARA LA VIDA

La acción
es la capacidad
de ejecutar
lo planeado
sin excusa.

CAPÍTULO IV
EMPRENDEDORES EXITOSOS

Contenido

1. ¿Qué significa ser emprendedores?

2. ¿Qué significa tener éxito?

3. ¿Cómo aprender a tener libertad financiera?

4. ¿Cómo aprender a manejar indicadores de gestión?

HIMNO DEL VENDEDOR

Ritmo: Marcha

Autor: Hugo Tapias

I.

Yo soy vendedor,
que feliz me siento.
estoy muy contento,
hoy voy a vender

II

Todas las mañanas,
cuando me levanto,
estoy positivo,
doy gracias a Dios.

III

Con alegría y entusiasmo
iniciamos nuestro día.
voy a vender mis productos
con fe y actitud positiva.

IV

Yo soy vendedor,
me voy a preparar.
quiero ser eficiente
y a mis clientes asesorar.

V

Señor, te doy gracias
de mi profesión.
me siento orgulloso,
soy el mejor vendedor

Emprendedores

1. ¿Qué significa para usted ser emprendedor?

2. ¿Se considera usted una persona emprendedora?
   ¿Por qué?

3. ¿Asume, a partir de hoy, mejorar su bienestar material con una actitud emprendedora?

Training For Life
Entrenamiento Para La Vida

Ser emprendedor
nos da la oportunidad
de hacer cosas
que los otros
no hacen,
es una opción
que nos permite ver
las oportunidades
en las crisis.

¿Qué significa ser un emprendedor?

Como su nombre lo indica, ser un emprendedor significa emprender, iniciar, atrevernos a ser capaces de comercializar, de vender y generar ingresos inicialmente para mí, pero, con la opción de crear una empresa que me permita generar empleo contribuyendo a la sociedad, generando ingresos para mí y otras personas. En definitiva, un verdadero emprendedor se atreve, no tiene miedo, o se hace o se hace y, cuando tiene esa determinación comienza a formarse como un ser humano extraordinario con valores como: el positivismo, la fe, la constancia, y otros valores más que lo harán una persona con piel de rinoceronte. No importa los problemas o caídas que tengas en la vida, te levantas y sigues adelante, tu misión es una: triunfar, ser feliz, ser una persona realizada.

Todo nace a veces de una crisis o alguna necesidad; los chinos la llaman oportunidad, algo, una idea que me permita comercializar, vender, ofrecer un producto, o productos. Ser emprendedor es tan antiguo como la historia de la humanidad, de una u otra forma todos los seres humanos somos emprendedores, un médico, un abogado, un ingeniero, un maestro, todos ofrecemos algo. Vender bien nuestro trabajo significa que necesitamos conocimiento absoluto de nuestro producto, para generar confianza en nuestros clientes o compradores.

Ser un Emprendedor Transformador Positivo es aquel que es capaz de cambiar, transformar las adversidades o problemas en soluciones, aquel que no se amilana ante nada en la vida, aquel

emprendedor que siempre va hacia adelante, que se compromete con su trabajo, con su empresa por resultados positivos.

Un Emprendedor Transformador Positivo es aquel que aparte de transformar situaciones negativas en positivas, es un excelente ser humano, que está dispuesto a servirle a sus clientes ofreciéndoles lo mejores productos con los mejores beneficios. Es aquel ser humano con valores, con principios, con mística, que lo hacen diferente a los demás; no vende por vender, vende por servir aplicando la filosofía del gana-gana en donde todos ganamos.

Usted, yo, todos podemos ser los súper emprendedores transformadores positivos altamente efectivos y los asesores comerciales que necesitan las empresas de hoy. Cuando soy emprendedor líder, soy una persona independiente que genero mis propios ingresos; soy libre como el viento dependiendo en la mayoría de los casos de mi trabajo.

Me convierto en un emprendedor y me atrevo a iniciar proyectos y empresas; así, confió en mis capacidades, reconozco mis habilidades, mis errores, soy un ser extraordinario y sé que puedo iniciar cualquier proyecto.

Cuando tengo la mentalidad de emprendedor puedo llegar a ser un gran empresario generando empleo para mí y los demás. Hoy hay muchos profesionales desempleados porque no saben vender, buscan lo fácil, como un empleo, que alivia sus expectativas, pero la realidad nos muestra que no hay puestos para tantos profesionales; razón por la cual me debo atrever a iniciar proyectos o empresas convirtiéndome, de esta manera, en un Emprendedor Transformador Positivo altamente efectivo. Recuerde: vendemos imagen y servicios; sin miedo al fracaso, atrévase a desarrollar su idea, su proyecto o empresa. ¡Usted puede! Tiene cualidades e inteligencia, es un ser excepcional, es un Mega campeón.

Ser Emprendedor

(Autocalifíquese de 1 a 10)

	Puntos
1. ¿Está usted totalmente convencido que puede ser un emprendedor?	
1. ¿Le gusta indagar para conocer su proyecto de vida?	
2. ¿Es usted una persona positiva para desarrollar su trabajo?	
3. ¿Es usted una persona de acción?	
4. ¿Se considera usted una persona perseverante?	
5. ¿Considera usted que es organizado?	
6. ¿Le gusta capacitarse para mejorar sus habilidades?	
7. ¿Se considera usted disciplinado en su vida?	
8. ¿Es usted una persona de compromiso para asumir sus tareas?	
9. ¿Confía usted en sus habilidades como emprendedor?	
TOTAL PUNTOS	

RESULTADOS

0 A **50**	**Muy mal**	
51 A **60**	**Mal**	
61 A **70**	**Regular**	
71 A **80**	**Bien**	
81 A **90**	**Muy bien**	
91 A **100**	**Excelente**	

Training For Life
Entrenamiento Para La Vida

Ser emprendedor
nos da la libertad
de manejar
nuestro tiempo
y nuestras finanzas.

SER INDEPENDIENTES

1. ¿Qué significa para usted ser independiente?

2. ¿Se considera usted una persona independiente o dependiente? ¿Por qué?

3. ¿Cree usted que siendo independiente mejora sus posibilidades de ingresos? ¿Por qué?

TRAINING FOR LIFE
ENTRENAMIENTO PARA LA VIDA

SER independientes
es una elección
de vida
que nos permite
elegir
NUESTRAS ACCIONES.

SER INDEPENDIENTES

Sería lo ideal en todo ser humano ser independiente; pero, lamentablemente a veces somos esclavos de las dependencias, esto se convierte en una droga muy dañina que nos perjudica en nuestro comportamiento. En el caso del amor, por ejemplo, ser dependiente es dañino, porque ni pertenezco a nadie, ni nadie me pertenece. Es triste ver a personas que agreden a su antiguo amor sólo porque ya no quieren compartir su vida con ellos; las dependencias son enfermedades muy graves en el individuo, el cerebro recibe señales negativas que nos lleva a cometer errores muy graves. Una persona que es adicta a las drogas es un enfermo, su cerebro le exige más y más drogas para recibir su falso bienestar. Toda dependencia es dañina porque me condiciona a ejercer un patrón de conducta negativo hacia las personas.

Es importante decir que cuando nos entrenamos para ser independientes asumimos un compromiso muy grande para cumplir con las tareas propuestas; es decir, las tareas se hacen o se hacen, no hay excusa, que si llueve, que hace calor, que hace frio, aquí es mi disposición de asumir retos sin excusas, sin depender de las circunstancias adversas que me rodean, mi compromiso es conmigo, necesito resultados positivos; entonces, de mi dependen que los haga o los haga; de mi depende visualizar mis proyecto de forma positiva.

Atención, encontraré obstáculos en mi camino, inconvenientes, problemas, pero de mí depende que busque soluciones, venza los obstáculos y los inconvenientes. No me daré por vencido con facilidad, mi meta es el infinito, es tocar las estrellas y apenas estoy en la luna. ¡Adelante! Sigue, lucha incansablemente por tus ideales, por tus sueños, por tu libertad financiera. Ten presente lo siguiente: ***Entre más grande sea el reto mejor es la conquista.*** Todo lo bueno requiere una cuota de sacrificio, en la vida no hay cosas imposibles, hay personas incapaces.

Cree en ti, tú puedes, eres una creación de Dios, eres extraordinario, eres un elegido de Dios para conquistar este maravilloso paraíso

que se llama tierra, si te caes, te levantas, si te caes mil veces te levantas mil veces, siempre positivo, creyendo en tus proyectos, en tus propósitos de vida; visualiza esas metas en tú mente, en tú corazón y no existirán imposibles.

Ser independientes es un estilo de vida, asumes retos, riesgos, pero te atreves. No tengas miedo, eres un ser humano a imagen y semejanza de Dios, hecho para vencer, que reconoces en tí ese gladiador capaz de asumir los retos que te propongas en la vida.

Ser Independiente
(Autocalifíquese de 1 a 10)

	Puntos
1. ¿Se considera usted una persona independiente?	
2. ¿Asume retos en la vida?	
3 ¿Lucha incansablemente por alcanzar sus metas?	
4. ¿Es usted una persona mega positiva?	
5. ¿Es usted consciente de la importancia de ser independiente?	
6 ¿Es usted siempre agradecido?	
7. ¿Le das gracias a Dios por un nuevo día?	
8. ¿Eres de los que mantiene la calma en los problemas?	
9. ¿Es usted de lo que ve las soluciones en los problemas?	
10. ¿Cree usted que ser agradecido le puede mejorar su calidad de vida?	
TOTAL PUNTOS	

RESULTADOS

0 A 50	Muy mal	
51 A 60	Mal	
61 A 70	Regular	
71 A 80	Bien	
81 A 90	Muy bien	
91 A 100	Excelente	

Training For Life
Entrenamiento Para La Vida

Tener
libertad financiera
es una oportunidad
de vivir
la vida
a plenitud.

Libertad Financiera

1. ¿Qué significa para usted tener libertad financiera?

2. ¿Se considera usted una persona con libertad financiera? ¿Por qué?

3. ¿Qué compromisos asume usted, a partir de hoy, para tener libertad financiera? ¿Cómo?

Training For Life
Entrenamiento Para La Vida

El éxito es una opción
que sólo se alcanza
cuando tienes
la determinación
y la voluntad
de luchar
incansablemente
por construir
tus sueños.

Libertad financiera

La libertad financiera es la capacidad que tenemos las personas de disfrutar de excedentes económicos que nos permiten llevar una vida holgada de ahorros, de inversiones, de viajes, sin preocupaciones económicas, con estabilidad emocional y financiera. Sin embargo, la realidad nos demuestra que solo el 5% de la sociedad tiene verdadera libertad financiera. Todos, cuando vivimos en una sociedad capitalista, necesitamos dinero para solventar nuestras necesidades. Podríamos enumerar las diferentes opciones que se presentan en nuestra sociedad:

1. **Empleado:** Es aquel ciudadano que vende su tiempo por un salario fijo mensual. Muchas veces las personas gastan más de los ingresos que reciben llevándolo, en muchas ocasiones, a endeudamientos inesperados por ser malos administradores. Hay excepciones, como las personas que se capacitan, trabajan en una muy buena empresa en donde les pagan un buen salario con opciones de llevar una vida holgada y cómoda, pero, sin libertad financiera.

2. **Profesional independiente**: Es aquel ciudadano que después de finalizar su carrera decide trabajar de forma independiente; pueden ser: abogados, médicos, ingenieros, contadores, entre otros; algunos con excelentes ingresos que les permiten un buen nivel de vida.

3. **Empresarios:** Son aquellas personas que deciden emprender una aventura iniciando un negocio asumiendo retos y riesgos. Como en todo tipo de emprendimiento a unos les va muy bien, a otros bien y otros que les va mal; pero, al menos se atrevieron. En este grupo hay personas que gozan de libertad financiera, personas que iniciaron negocios muy pequeños y hoy son grandes empresarios; de esta manera dejan a sus hijos y sus descendencias una oportunidad única de llevar una

vida holgada, pero, ayudando a crecer su empresa o negocio familiar.

De ti depende que clase de vida quieres para ti y tu familia, la buena vida requiere de retos muy grandes, de sacrificios, de creer en nosotros mismo, de perseverar, de insistir, de persistir, de resistir los problemas y adversidades que se nos presentan en nuestro camino.

Libertad Financiera
Autoevaluación
(Autocalifíquese de 1 a 10)

	Puntos
1. ¿Se considera usted una persona con libertad financiera?	
2. ¿Le gusta asumir retos en su vida?	
3 ¿Lleva una vida holgada?	
4. ¿Es usted una persona libre de deudas?	
5. ¿Es usted de los que gasta más de lo que gana?	
6 ¿Es usted una persona que le gusta aparentar?	
7. ¿Le agrada emprender nuevos retos en los negocios?	
8. ¿Eres de los que se auto motiva en las dificultades?	
9. ¿Es usted de los que tienen fe en sus proyectos de vida?	
10. ¿Cree usted que puede tener libertad financiera?	
TOTAL PUNTOS	

RESULTADOS

0 A 50	Muy mal		
51 A 60	Mal		
61 A 70	Regular		
71 A 80	Bien		
81 A 90	Muy bien		
91 A 100	Excelente		

TRAINING FOR LIFE
ENTRENAMIENTO PARA LA VIDA

SOMOS COMO SERES
ULTRA MEGA
INTELIGENTES,
CAPACES DE LOGRAR
CUALQUIER META,
POR MUY DIFÍCIL
QUE SEA.

CAPÍTULO V
¿CÓMO APRENDER A DESARROLLAR UNA CULTURA DE PAZ?

Ley 1732 septiembre 2015
Cátedra de la Paz

Objetivo

La Cátedra de la Paz tendrá como objetivo crear, consolidar un espacio de aprendizaje, la reflexión, el diálogo sobre la cultura de la paz, el desarrollo sostenible que contribuye al bienestar general, mejoramiento de la calidad de vida de la población.

Contenidos de la Cátedra de la Paz, Decreto 1038
1. Cultura de Paz *Se entiende como el sentido y vivencia de los valores ciudadanos, los derechos humanos, el derecho internacional humanitario, la participación democrática, la prevención de la violencia y la solución pacífica de los conflictos.*
2. Educación para la paz *Se entiende como la apropiación de conocimientos y competencias ciudadanas para la convivencia pacífica, participación democrática, la construcción de equidad, el respeto por la pluralidad, los derechos humanos y el desarrollo internacional humanitario.*
3. Desarrollo sostenible *Se entiende como aquel que conduce al crecimiento económico, la elevación de la calidad de vida, el bienestar social sin agotar la base de los recursos naturales que lo sustentan.*
En qué asignaturas debe estar la Cátedra de la Paz
1. *Ciencias sociales, historia, geografía, Constitución Política y Democracia.*
2. *Ciencias naturales y educación ambiental.*
3. *Educación ética y valores humanos.*

LA PAZ

1. ¿Qué significa para usted la paz?

2. ¿Para usted, como ciudadano, es buena la paz para nuestro país? ¿Por qué?

3. ¿Qué aportaría usted para vivir en paz en este país? ¿Por qué?

VAMOS A CAMBIAR ESTE PAIS
Autor: Hugo Tapias
Ritmo: Cumbia

I

Vamos a cambiar este pais,
con amor y con tolerancia,
donde no tenga espacio la violencia
que destruye y a veces mata

II

Hagamos de esta una gran nacion,
donde vivamos como hermanos
que no importe de donde seas
tu eres Colombia y a ti te amamos

III

Sembremos esperanza y amor
en todos los corazones
para recoger paz y armonia
en toditas las regiones

IV

Vamos todos a reconciliarnos
que no importen las diferencias
trabajemos juntos por nuestra patria
Colombia es linda y contigo cuenta

174

¿Qué es la paz?

Es la opción de elegir en personas mega inteligentes el estar bien consigo mismo, tener armonía interior y exterior; ser capaces de aceptar a los demás tal y como son; es tomar la decisión de construir, de dialogar para resolver conflictos; es tener amigos, de ponerme en los zapatos del otro para conocer sus necesidades y puntos de vista; es tomar la decisión de ser flexibles para generar cambios positivos en nuestras vidas; servir y amar a mis semejantes sin esperar nada a cambio, de reconciliarnos, de perdonarnos sinceramente, de respetarnos, de estar tranquilos porque todo fluye positivamente; tener libertad de expresión, que se permita respetar mis derechos humanos y democráticos para que esta sea una sociedad justa y equitativa.

¿Qué es la Guerra?

Es la opción de personas muy primitivas de estar mal consigo mismo, sembrar el caos, ser intolerantes con sus semejantes, destruir por placer y de generar conflictos por cualquier cosa en vez de la vía del diálogo. Es no reconocer las necesidades de los demás, es ver como enemigos a todos aquellos que no estén con sus puntos de vistas, es ser muy estrictos y ortodoxos con sus puntos de vistas, es la elección de odiar y vivir con rencores hacia sus semejantes, irrespetar a todos, es vivir intranquilos sin paz interior, todo es negativo a su alrededor generando violencia.

Elija usted ¿Qué será mejor, la paz o la guerra?

Analicemos algunas palabras relacionadas con la paz:

Armonía: Es sentir paz interior y exterior, es la capacidad que tenemos las personas mega inteligentes de elegir lo bueno, porque es mejor para todos, es tener conciencia de estar haciendo todo muy bien.

Aceptación: Es la elección que hacemos como personas pensantes de reconocer a nuestros semejantes como parte activa de nuestra sociedad y convivir en armonía.

Dialogo: Es la capacidad que tenemos las personas inteligentes de aceptar en nuestros adversarios que ellos son partes de nuestra sociedad. El diálogo es una herramienta importante para resolver conflictos.

Construcción: Es la capacidad que tenemos las personas pensantes de crear, de inventar, de solucionar conflictos o problemas de manera positiva.

Necesidades: Es la capacidad que tenemos, como seres humanos inteligentes, de reconocer lo que sienten y necesitan nuestros semejantes para poder entenderlos.

Flexibilidad: Es la capacidad que tenemos las personas inteligentes de reconocer nuestros errores, tener la opción de cambiar mis puntos de vista buscando entender y comprender a mis semejantes.

Servicio: "El que no vive para servir, no sirve para vivir"; entender que servir a mis semejantes es una opción de paz.

Reconciliación: Es la capacidad que tenemos, como personas, de eliminar todo rencor y odio en nuestros corazones y ser capaces de reconciliarnos con nuestros adversarios, demostrando inteligencia y sabiduría.

Perdón: Es eliminar de lo más profundo de nuestra alma y corazón todo "veneno" que signifique venganza; es aprender y aceptar que el perdón es una opción de paz y de convivencia pacífica.

Tranquilidad: Es sentir que estamos haciendo las cosas bien, es la consciencia que me dice si estamos actuando correctamente por el bienestar de todos.

Respeto: Aprender a aceptar la opinión de los otros, aunque no comparta sus conceptos, cediendo por el bien de todos, generando confianza y convivencia pacífica.

Amigos: Es un privilegio de la vida tener amigos en vez de enemigos, es compartir con personas que son tus aliados, dispuestos aceptar las críticas constructivas que te hacen si fallas, aceptando con humildad tus errores cuando los cometes porque hay personas, amigos sinceros, que te aprecian y quieren lo mejor para ti.

Amor: Es el sentimiento más grande del mundo que Dios ha puesto en nuestros corazones, para darle a nuestros semejantes lo mejor de nosotros sin esperar nada a cambio. Cuando entendamos como humanos que es mejor dar que recibir, sin esperar nada a cambio, a partir de ese momento estaremos escribiendo páginas de paz, amor, convivencia pacífica en nuestra sociedad.

Libertad: Es el derecho que tenemos como ciudadanos que se nos respeten nuestros derechos humanos y democráticos y la libertad de conciencia. Que los gobiernos sean justos y equitativos para que se desarrolle una cultura de paz en la sociedad.

LA PAZ

¿Qué significa la paz? Es la posibilidad que tenemos todos los seres humanos de reconciliarnos, de reconocernos, de aceptarnos

con nuestras diferencias y creencias, aprendiendo a convivir en armonía, respetando a nuestros semejantes y aceptándolos tal como son.

Todos podemos contribuir a la paz de nuestro país, primero teniendo paz, armonía en nuestras casas, respetando; además, respetar las reglas de convivencia en los colegios; respetando y aceptando las normas o reglas en las empresas. Así mismo, respetándonos como personas.

La paz comienza primero en mi vida, si yo tengo paz interior, puedo ser ejemplo para los demás; no puedo dar de lo que no tengo, la paz nos dará mejores opciones: podemos aprender a resolver los conflictos, los problemas a través del diálogo, del buen trato, los buenos modales, las buenas costumbres, la cordialidad, el respeto. Solo así, con el compromiso de todos los habitantes de este hermoso planeta, podremos vivir en paz y armonía.

La paz es urgente en la mente y en el corazón de cada persona. Todos debemos aportar para construir la paz, la tranquilidad, el diálogo, la comprensión entre todos; no vale la pena desgastarnos en discordias, peleas estériles, en conflictos innecesarios, cuando debemos todos trabajar por la paz. Las actuales, las nuevas generaciones, merecen, necesitan la paz.

La Paz
Autoevaluación
(Autocalifíquese de 1 a 10)

	Puntos
1. ¿Se considera usted una persona pacífica?	
2. ¿Es siempre una persona pacífica?	
3. ¿Tiene usted vocación para la paz?	
4. ¿Sabe resolver los conflictos?	
5. ¿Trata bien a sus semejantes?	
6. ¿Resuelve los conflictos a través del diálogo?	
7. ¿Es usted un constructor de paz?	
8. ¿Es consciente de la importancia de la paz?	
9. ¿Es la paz un compromiso para usted?	
10. ¿Sirve la paz para mejorar la convivencia?	
TOTAL PUNTOS	

RESULTADOS

0 A 50	Muy mal	
51 A 60	Mal	
61 A 70	Regular	
71 A 80	Bien	
81 A 90	Muy bien	
91 A 100	Excelente	

TRAINING FOR LIFE
ENTRENAMIENTO PARA LA VIDA

SER LÍDER
positivo,
ES UN compromiso
con mi vida
y con mi entorno.

EPÍLOGO

Hoy he entendido que lo más maravilloso en todo ser humano es "aprender" a viajar a lo más profundo de su ser interior para poder entenderlo. "Yo" como ser humano debo analizar y conocer con verdadera sabiduría mis debilidades y así entender a los demás. Muchas veces a las personas nos queda fácil juzgar a los demás, mostrarles sus defectos; pero, es muy difícil para nosotros reconocer que fallamos, la mayoría de las veces tenemos más defectos que a los que juzgamos. Dice la Biblia que primero vemos la paja en el ojo ajeno antes que ver la tremenda viga que tenemos en nuestro propio ojo, "no juzguéis para que no seáis juzgado", dijo Jesucristo. Es preferible aprender a ser humildes, entendiendo a los demás. La clave del éxito está en conocerte primero tú, verás lo fácil que es entender, tolerar y comprender a mis semejantes.

Tengamos siempre presente que el más poderoso de todos nuestros órganos es el cerebro que maneja todas las funciones de nuestro cuerpo; pero, hay algo que es clave y muchas veces los seres humanos lo ignoramos porque lo desconocemos: "las emociones las manejamos nosotros a través de los pensamientos", de esa parte emotiva depende nuestra salud integral.

Muchas de nuestras enfermedades las creamos nosotros mismos, dándole órdenes negativas a nuestro "disco duro"; entonces, el cerebro no tiene otra opción que obedecer porque nosotros somos sus amos. El secreto del éxito y la felicidad están en el manejo de nuestras emociones, si aprendemos a ser conscientes que manejando pensamientos positivos mejoramos nuestra calidad de vida, entonces seamos positivos desde lo más profundo de nuestro ser para conquistar el mundo.

La vida es linda, maravillosa; pero, para poder entender la vida en todo su esplendor es necesario que nos entendamos y nos conozcamos, primero nosotros como seres humanos, y así será muchísimo más fácil entender lo maravilloso que es la vida.